Achim
Samwald

Dörren

Früchte, Gemüse, Kräuter

3., neugestaltete Auflage
61 Farbfotos
18 Zeichnungen

Ulmer

Inhalt

Vorwort

Für Nicole und Oliver

Nun, da dieses Büchlein bereits in der dritten, überarbeiteten Auflage erscheint, hat sich seit seinem ersten Erscheinen vor genau zehn Jahren in der Gesellschaft ein bedeutender Sinneswandel vollzogen. Nach schrecklichen Erfahrungen wie Tschernobyl, den Schweinefleischskandalen und der hochaktuellen Furcht vor BSE (Rinderwahnsinn), den ständigen Berichten über genmanipulierte Lebensmittel und Früchte sind doch viele Menschen ernährungsbezogen »aufgewacht«. Sie haben den Fleischverzehr drastisch eingeschränkt oder sind auf Hühner-, Lamm- und Schaffleisch ausgewichen; der frische, knackige Salatteller ist aus keiner Speisekarte mehr wegzudenken, viele Leute essen heute »bewußter« als noch vor einem Jahrzehnt.

Angesichts der Umweltbelastung durch die Schadstoffe der Industrie, Autoabgase und Flugzeuge einerseits und durch ein neues Körper- und Gesundheitsbewußtsein andererseits, sucht der heutige Mensch wenigstens in seinem privaten Bereich neben sportlicher Aktivität sein Heil in gesundheitsbewußter Ernährung.

Naturverbundene Methoden sind deshalb heute gefragter denn je und so hat dieses Buch über das Dörren als umwelt- und energieschonendste Methode der Haltbarmachung eine große Berechtigung, weil auf diese schonende Weise ohne irgendwelche chemischen Zusätze und Konservierungsmittel schon vor Jahrhunderten Früchte, Gemüse, Pilze und Kräuter haltbar gemacht wurden. Wer richtig dörrt, wird mit dem reichhaltigen Geschmacksangebot der Natur belohnt und versorgt zugleich seinen Körper mit allen wichtigen Nahrungsstoffen in ihrer natürlichsten Form – nämlich naturbelassen.

Das Buch erläutert, wie man Früchte, Gemüse, Kräuter, Körner und Pilze auf diese natürliche Weise haltbar machen kann.

Man wird Obst und Gemüse vor allem dann dörren, wenn man einen eigenen Garten besitzt und eine besonders gute Ernte zu verzeichnen hat oder Obst preiswert angeboten bekommt, aber auch, wenn man unverfälschte und ungeschwefelte Früchte schätzt, die der Handel wegen der Lager- und Transportprobleme nicht bieten kann.

Es ist einfach und problemlos, zu Hause pflanzliche Nahrungsmittel zu dörren. Man kann wie früher an der Luft mit Sonnen- oder Ofenwärme trocknen und dafür selbst Vorrichtungen bauen. Heute bietet der Elektrofachhandel aber auch elektrische Darren an, mit denen man unabhängig vom Wetter das ganze Jahr über Nahrungsmittel dörren kann.

Während man beim Tiefkühlen natürliches Aussehen und Geschmack der Früchte möglichst zu erhalten sucht, liegt der Reiz des Dörrens darin, daß sich Geschmack und Konsistenz der Früchte zum Teil völlig verändern und damit neue Verwendungsmöglichkeiten entstehen. Die vielseitig verwendeten Backpflaumen sind weder durch frische noch durch tiefgekühlte Pflau-

men zu ersetzen, und so traditionsreiches Gebäck wie Hutzelbrot oder Rosinenstuten sind ohne Trockenobst nicht herzustellen. Während es Pflaumen und Rosinen in guter Qualität auch zu kaufen gibt, sind viele andere Früchte und Gemüse gedörrt gar nicht im Handel.

Es ist erstaunlich, welch hervorragende Fruchtmischungen sich mit ein wenig Einfallsreichtum erzielen lassen. Wer einen kleinen Gemüsegarten oder gar ein Gewächshaus besitzt, Obstbäume im Garten hat oder ganz einfach gern Wildfrüchte und Kräuter sammelt, dem öffnen sich mit dem Trocknen von Früchten und Gemüse völlig neue Möglichkeiten der Vorratshaltung und Verwertung der eigenen Produkte.

München, im Frühjahr 1997
Achim Samwald

Frische Waldpilze lassen sich ausgezeichnet trocknen und bewahren dabei ihr kräftiges Aroma.

Gewürzpaprika, Pfefferschoten oder Peperoni – man unterscheidet vielerlei Sorten, kleine und große, schlanke oder gedrungene Schoten.

Einführung in eine traditionsreiche Konservierungsmethode

Fast jede Obst- und Gemüseart ist durch Trocknen auf schonende Weise haltbar zu machen. Frische pflanzliche Lebensmittel besitzen einen relativ hohen Wassergehalt von etwa 80–90 Prozent, der zusammen mit dem Gehalt an natürlichen Nährstoffen eine günstige Wachstumsgrundlage für Mikroorganismen wie Schimmelpilze und Bakterien darstellt. Diese vermehren sich unter solchen Bedingungen bei normaler Temperatur und leiten Fäulnis- und Gärungsprozesse ein, die die Frucht ungenießbar machen.

Dörren – Konservierung durch Wasserentzug

Ziel jeder Konservierung ist es, diese Vorgänge auszuschalten, indem man den schädlichen Organismen die Lebensgrundlage Wärme und Feuchtigkeit entzieht.

Wirkungsvoll, wenn auch für vergleichsweise kurze Zeit, verlängert man die Haltbarkeit schon durch einfaches Absenken der Temperatur in einem Kühlschrank. Dauerhafter ist jedoch der weitgehende Wasserentzug, die Dehydrierung. Dabei ist zu beachten, daß viele Schimmelpilze erst bei einem Wassergehalt von weniger als 15% ihre zersetzende Tätigkeit einstellen, während sich die meisten Bakterienarten schon bei 35% Wassergehalt nicht mehr vermehren.

Beim Dörren geschieht folgendes: In der an den Früchten vorbeiströmenden, erwärmten Luft verdunstet die Feuchtigkeitsschicht an der Oberfläche der Früchte und wird aus dem Inneren wieder ausgeglichen um erneut zu verdampfen. Diese Vorgänge laufen dabei umso rascher ab, je höher die Umgebungstemperatur ist. Natürlich spielen dabei auch die Durchlässigkeit des pflanzlichen Gewebes und die Oberflächengröße eine wichtige Rolle; je durchlässiger das Gewebe und je größer die Verdunstungsoberfläche, desto rascher erfolgt die Trocknung. Die Erwärmung beim Dörrvorgang bewirkt also nicht wie bei der Sterilisation eine Keimabtötung, sondern ist nur für den Grad des Wasserentzuges bestimmend.

Wichtigste Bedingungen für das Dörren sind also strömende Luft und Wärme. Damit die vorbeiströmende Luft die abgegebene Feuchtigkeit aufnehmen kann, muß sie möglichst trocken sein. Die Luft muß strömen können, d.h. feuchte Luft muß abziehen und trockene nachfolgen können.

Bei den verschiedenen Methoden der Trocknung wird man immer versuchen, den Dörrvorgang rasch und gleichmäßig durchzuführen. Die höchstmögliche Temperatur ist aber

Dörren ist die älteste Konservierungsmethode. Apfelringe, Hutzeln und Birnenschnitze werden hier in einer alten Truhe aufbewahrt, in einem Leinensäckchen sind getrocknete Bohnen.

keineswegs die beste, denn große Hitze zerstört wertvolle Inhaltsstoffe und beschleunigt chemische Prozesse im organischen Gewebe, die wertmindernd wirken (Oxidation, Bräunungsvorgänge o. ä.), läßt die Fruchtoberfläche hart und vielfach brüchig werden, verändert den Geschmack der Früchte ungünstig, bewirkt teilweise die Überführung von Mikroorganismen in stabile Dauerformen, die sich später bei idealen Temperaturverhältnissen wieder in aktive Bakterien zurückverwandeln und erzeugt zudem hohe Energiekosten.

Auch eine niedrige Temperatur ist zu vermeiden, da die Fäulniserreger dabei genügend Zeit erhalten, sich zu vermehren und das Trockengut anzugreifen, bevor der Wasserentzug wirksam wird. Aus diesen Gründen sind gewisse optimale Temperaturen vorzusehen, die je nach Fruchtart zwischen 30 und 70 °C liegen, wobei es jedem überlassen bleibt, ob er auf wirtschaftliches, schnelles Dörren oder möglichst hohen Gehalt an Nährstoffen bei schonendem Trocknen Wert legt.

Besondere Vorzüge des Dörrens

Trotz Konservenflut und wachsender Nutzung der Gefriertruhe haben industriell hergestellte Trockenfrüchte nicht nur ihren Absatz auf dem Markt behaupten können, sondern ihr Anteil steigt weiter an. Dafür gibt es mehrere Gründe: Zum einen hat sich in der Bevölkerung während der letzten Jahre ein steigendes Bewußtsein für die Natur, für gesunde Ernährungsmethoden und eigenes Wohlbefinden herausgebildet; zum anderen wächst wieder die Freude am Selbermachen an alten, bewährten Techniken und Rezepten und an traditionsreicher Küche, in der Trockenobst eine wichtige Rolle spielt. Selbstgemachte Trockennahrung ist zweifellos eine andere Form der ursprünglichen Frischnahrung ohne jeglichen Zusatz von chemischen Haltbarmachern. Allerdings verändert dieses Verfahren in vielen Fällen den Geschmack und Geruch der pflanzlichen Lebensmittel. Etliche Obstarten intensivieren durch das Dörren ihren Geschmack und enthalten danach konzentrierte Nährstoffe, werden süßer, schmecken gehaltvoller und bieten damit viele neue Möglichkeiten für Gerichte.

Stellt man das Dörren anderen üblichen, häuslichen Konservierungsmethoden wie Einkochen oder Tiefkühlen gegenüber, so ergeben sich einige Vorteile:

1. Der Wasserentzug macht die Nahrung leicht und verringert ihr Volumen.
2. Die Lagerung ist einfach und beansprucht nur wenig Platz.
3. Die Kosten für das Dörren sind gering, nutzt man vorhandene Energiequellen wie Sonne, Luft oder eine im Haus vorhandene Wärmequelle.
4. Vitamine, Mineralstoffe und Faserstruktur bleiben weitgehend erhalten und der Nährwert ist auf Grund der Konzentration besonders hoch; nur Vitamin C wird abgebaut und ist anderweitig auszugleichen.
5. Zu Hause getrocknetes Obst und Gemüse sind frei von Konservierungsstoffen.
6. Geringes Gewicht und Volumen und die hohe Nährstoffkonzentration machen Trockenfrüchte zur idealen

Äpfel oder Aprikosen kann man in dünne Scheiben schneiden und auf Fäden aufgereiht trocknen.

Nahrung auf Reisen und vor allem auf Wanderungen.

7. Veränderungen von Geschmack und Konsistenz bei einigen Früchten gegenüber der Frischware ergeben neue Verwendungsmöglichkeiten. Damit ist Trocknen mehr als nur ein Ersatz für andere Konservierungsmethoden.

Beim Einkochen werden durch das Erhitzen auf hohe Temperatur Vitamine weitgehend zerstört, ebenso Ballaststoffe und Rohfasern, und der notwendig hohe Zuckergehalt des Einkochgutes ist ebenfalls nachteilig. Bei Dosen ist zudem der manchmal monatelange Kontakt der Früchte mit dem umgebenden Blech in gesundheitlicher Hinsicht fragwürdig.

Trockentechniken

Zum Dörren von Obst, Gemüse, Kräutern oder Pilzen bieten sich je nach Bedingungen und Trockengut verschiedene zweckmäßige Methoden an, die hier vorgestellt werden.

Die Entscheidung für die eine oder andere hängt von der Menge und der Art des Trockengutes ab, das man produzieren möchte, von den räumlichen Möglichkeiten und vorhandenen Heizquellen, die man nutzen möchte. Ein Anfänger, der sich noch nicht sicher ist, ob er wirklich künftig einen Teil seiner Gartenernte trocknen will und ob ihm die Produkte schmekken werden, wird erst auf einfachste Weise experimentieren. Ein begeister-

Zum Trocknen größerer Gemüsemengen an der Luft eignen sich diese selbstgebauten, mit Fliegengitter bespannten Rahmen zwischen Ziegelsteinen.

ter Bastler baut sich dann selbst seinen Trockenschrank und versieht ihn möglicherweise nach und nach mit allerlei Verbesserungen. Wer sich den Selbstbau nicht zutraut, findet »sein« Gerät unter den im Handel angebotenen Elektrogeräten.

Dörren an der Luft

Die einfachste Methode, Früchte zu dörren, ist das Trocknen an der Luft. Zu niedrige Temperaturen und unerwünschte Lichteinwirkung führen oft nur zu mäßig befriedigenden Ergebnissen, vor allem bei Früchten, die sich leicht verfärben oder sehr wasserreich sind. Durchaus geeignet ist diese Methode für dünn geschnittene Pilze, Kräuter, mit stark verdünnter Zitronensäure behandelte, aufgefädelte Apfelscheiben u. ä.

Das vorbereitete Obst oder Gemüse legt man auf ein Trockensieb (z. B. ein rostfreies Fliegengitter mit Holzrahmen), auf Packpapier oder auf ein Drahtgeflecht, oder aber man reiht es auf eine dünne Schnur. Letzteres kommt vornehmlich für Pilze, Bohnen und Apfelspalten in Frage. Kräuter lassen sich einfach zu kleinen Sträußchen binden, die man dann mit den Blütenständen nach unten aufhängt.

Das Trockengut soll dabei möglichst nicht der prallen Sonnenbestrahlung ausgesetzt sein, die einen Verlust an Nährstoffen und Vitaminen bewirkt.

Außerdem kommt es je nach Obstart zu einer Verfärbung der Fruchtstückchen. Eine gute Luftzirkulation, Staubfreiheit und niedrige Luftfeuchtigkeit sind die Vorbedingungen für erfolgreiches Trocknen an der Luft. Der geeignetste Ort hierfür ist ein Schuppen, ein luftiger Dachboden oder ein regengeschützter, überdachter Balkon.

Mit Lufttemperaturen von mehr als 30 bis 35 °C kann man in unseren Breiten bei der Trocknung kaum rechnen, weshalb man besonderes Augenmerk auf ordnungsgemäßes, schimmelfreies Dörren legen muß. Dazu gehört tägliche Kontrolle und mehrmaliges Umschichten des Dörrgutes.

Anleitung zum Bau eines Trockensiebes
Für ein einfaches Trockensieb im Selbstbau benötigt man vom Schreiner oder Heimwerkermarkt acht Holzleisten, von denen vier Stück 45 cm lang und vier 41 cm lang sind. Des weiteren besorgt man sich Fliegengitter aus Nylon, Nägel sowie wasserunempfindlichen Holzleim. Auf eine lange Leiste legt man nun den Rand des Fliegengitterzuschnittes, bestreicht die Leiste mit etwas Leim, zentriert nun die kürzere Leiste darüber und fixiert sie mit zwei Nägeln. Nun dreht man das Gitter um 90 Grad und fügt eine kürzere Leiste an, auf

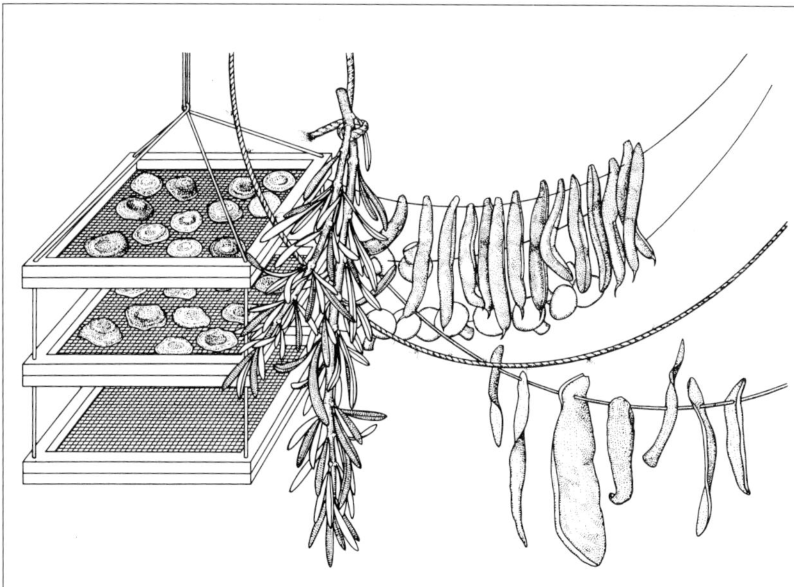

Verschiedene Trockenmöglichkeiten zum Dörren an der Luft: Hängende, miteinander verbundene Dörrsiebe, aufgefädelte Pilze und Bohnen.

Kräuter bindet man zu Sträußchen, die man mit den Blüten nach unten aufhängt.

die oben über dem Fliegengitter mit Leim und Nägeln eine lange aufgebracht wird. Man verwendet also rundherum wechselweise kurze und lange Leisten. Zuletzt schneidet man überstehende Ränder des Nylongitters ab.

Wer viel an der Luft trocknet, kann an den vier Rahmenenden Schraubösen anbringen und mehrere Gitter im Abstand von etwa 12 cm übereinander mit einer durchgezogenen Schnur zusammenhängen (siehe Abb.). Der Nachteil dabei ist vielleicht, daß man das Trockengut nicht so leicht umschichten kann, wie bei Trockensieben, die einzeln herausnehmbar sind. Dafür spart man sich den Kasten mit den Einschubleisten, der sonst notwendig wird, um die Siebe aufzunehmen.

Dörren im Backofen

Im Backrohr eines Elektroherdes lassen sich Früchte schön trocknen. Als Trockenroste verwendet man die Einschieberoste, von denen der Heißluftherd serienmäßig mehrere enthält und legt darauf Pergamentpapier oder spannt ein Gazetuch darüber, oder man fertigt, passend in die Einschiebeleisten des Herdes, Roste aus Drahtgitter, wie es für Kaninchenställe verwendet wird, indem man lediglich die Seitenkanten mehrfach umbiegt und dadurch versteift. Auch darauf sollte man Pergamentpapier legen, damit

Ein Trockensieb kann jeder ganz einfach selbst herstellen.

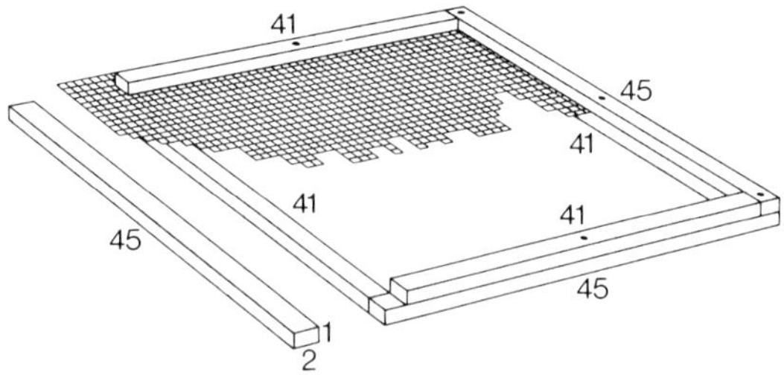

Material:
- 4 Leisten L 45 cm, B 2 cm, H 1 cm
- 4 Leisten L 41 cm, B 2 cm, H 1 cm
- Fliegengitter aus Nylon 50 x 50 cm
- Nägel L 15 mm
- Klebstoff

Die Backofentür bleibt während des Dörrens einen Spalt weit geöffnet.

das Trockengut nicht mit dem Metall in Berührung kommt.

Man kann aber auch die Frucht- oder Gemüsestückchen auf rostfreie Metallstäbe oder auf das nötige Maß verlängerte Stricknadeln auffädeln und in die Leisten des Backofens schieben. Die Backofentür muß beim Trocknen immer einen Spalt geöffnet bleiben, damit die feuchte Luft abziehen kann.

Der Trockenschrank

Hat das Trocknen an der frischen Luft die bereits genannten Nachteile, so ist das Backrohr vor allem deshalb nicht ideal, weil während des mehrere Stunden bis zu zwei Tagen andauernden Trocknungsvorganges das Rohr nicht anderweitig benützbar und der Energieverbrauch erheblich ist.

Wenn man vorhat, mehr oder weniger das ganze Jahr über Nahrungs-

Im Backofen werden Apfelringe auf Holz- oder rostfreie Metallstäbe aufgereiht oder auf dem mit Gaze bespannten Gitterrost gedörrt.

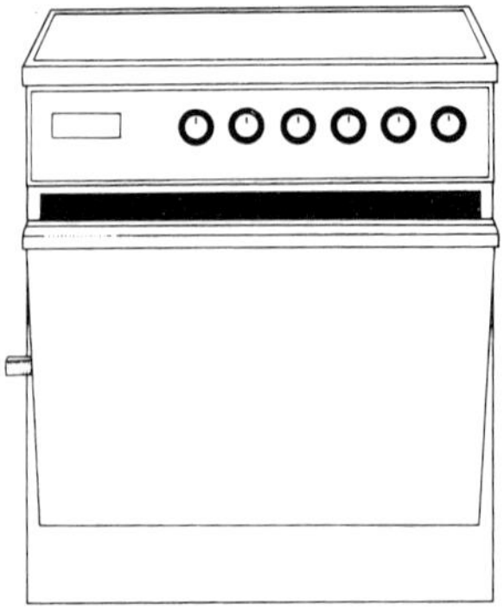

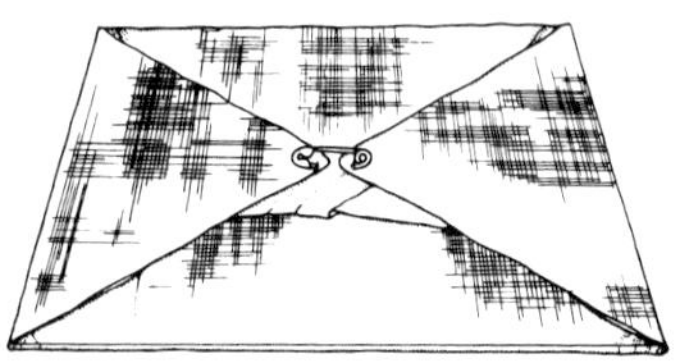

Oben: Auch der Backofen eignet sich zum Dörren von Früchten. Dazu wird der Einschieberost mit Pergamentpapier ausgelegt.

Unten: Diese Darstellung aus einem alten Kochbuch des 19. Jahrhunderts zeigt, wie aktuell auch damals das Haltbarmachen von Obst mittels Dörren war.

mittel zu trocknen, empfiehlt sich deshalb die Anfertigung eines stabilen Trockenschrankes für den Dauergebrauch. Dies kann man je nach handwerklichem Geschick selbst in Angriff nehmen oder man kann einen Schreiner damit beauftragen. Es gibt auch die Möglichkeit, auf vorhandenes Material, etwa alte Bilderrahmen gleicher Größe, Bienenstockeinsätze usw. zurückzugreifen und den Kasten darum herum entsprechend zu dimensionieren. Im Prinzip handelt es sich dabei um einen einfachen Holzschrank, der die Möglichkeit bietet, Früchte staubfrei und mit optimalem Luftaustausch zu trocken, Unten ist der Schrank immer offen, um das Aufsteigen der warmen Luft aus Heizschlangen, Heizlüfter usw. zu ermöglichen; vorne kann eine Tür zum Einschieben der Siebe geöffnet und oben ein Deckel aufgelegt werden, wenn der Schrank einmal ein paar Wochen unbenutzt herumsteht. Kleidet man die Wände mit Alu-Folie aus, wird die Wärme gut zurückgestrahlt.

Der Trockenschrank besitzt an den Seitenwänden innen Leisten, in denen die Siebe geführt werden. Um richtigen Luftaustausch zu garantieren, haben sich im wesentlichen zwei Methoden bewährt. Die eine besteht darin, daß man die Siebe so locker belegt, daß die Luft zwischen den Früchten ungehindert aufsteigen kann und gleichmäßige Trocknung die Folge ist. Die andere sieht vor, daß Einlegebretter, Bleche oder dicht belegte Siebe zueinander versetzt angeordnet sind, damit die Luft an ihnen vorbei streichen und zum nächstfolgenden Sieb aufsteigen kann. Bei dieser Anordnung muß der Kasten tiefer sein als die Siebe, damit sie versetzt angeord-

Trocknen im Backofen mit Stricknadeln oder Metallstäben.

Kleiner Trockenschrank, der über einer Kochplatte als Energiequelle stehen kann. Bauanleitung im Hobbythek-Buch 6.

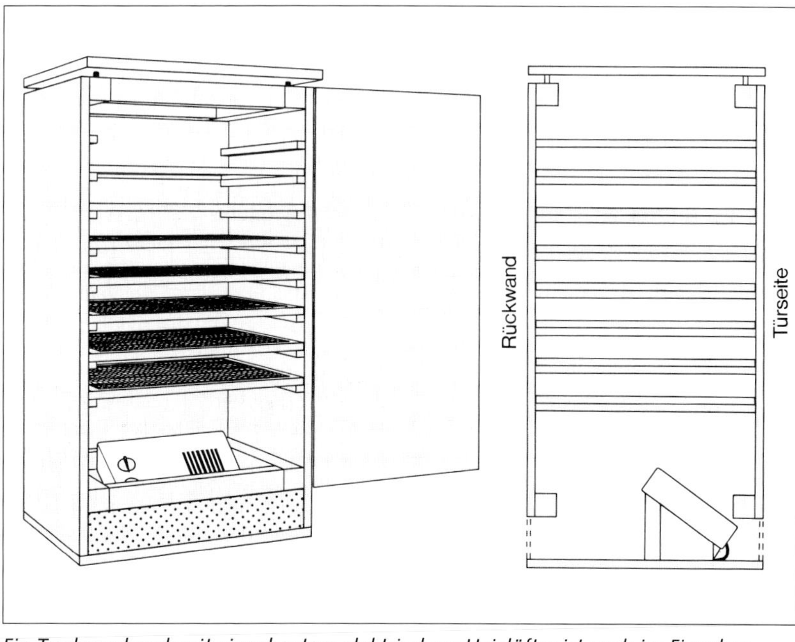

Ein Trockenschrank mit eingebautem elektrischem Heizlüfter ist auch im Eigenbau herzustellen. Hier ein Schrank nach der Bauanleitung im Hobbythek-Buch 6.

Dörrapparat mit Stufenschalter für 10 kg Frischware.

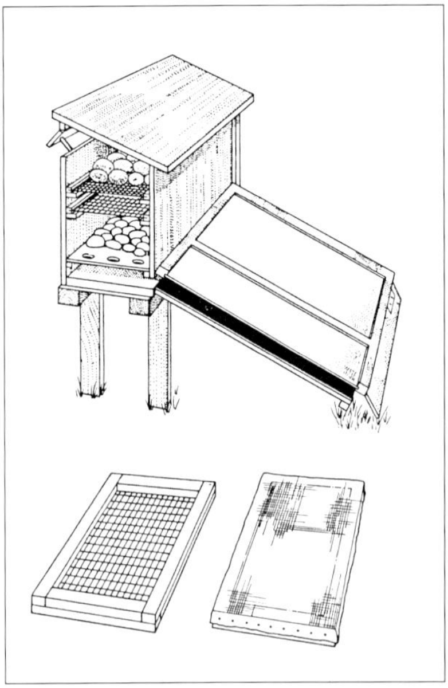

Trockenschrank, der mit Sonnenenergie funktioniert und im Freien montiert wird. Die schräge Glaswand sammelt Wärme, die durch einen Schlitz in den Trockenschrank aufsteigt.

net werden können. Wichtig ist auf alle Fälle, daß die Luft beim Trocknen oben entweichen kann. Man läßt daher den Deckel oben etwas offen oder befestigt ihn auf vier Klötzen etwa 5 cm erhöht, so daß die Luft aus den seitlichen Schlitzen ungehindert austreten kann.

Die Art der Ausführung und die Maße des Trockenschrankes richten sich nach den Wärmequellen.

Will man vorhandene Wärmequellen nutzen, finden kleinere Einheiten vielleicht auf einem freistehenden Kühlschrank Platz. Die Ölfeuerung im Keller, Warmwasserboiler, Öfen oder Heizkörper können Möglichkeiten bieten. Mit einiger Findigkeit gibt es in fast jeder Wohnung einen Platz, der die Ansprüche an Belüftung, Wärme und Staubfreiheit erfüllt. Die angeführten Beispiele mögen eine Anregung sein, sich im eigenen Haushalt umzusehen und eine Möglichkeit zu finden, um Obst und Gemüse zu trocknen.

Der Einsatz einer eigenen, regelbaren Wärmequelle erleichtert die Arbeit und verbessert das Ergebnis.

Ein kleinerer Schrank kann auf dem Elektroherd über einer Heizplatte aufgestellt werden. Besser geeignet ist eine Einzelkochplatte, weil damit der Herd zum Kochen frei bleibt. Weniger behelfsmäßig wird der Schrank durch den Einbau eines Heizlüfters, der möglichst mit einem Thermostat ausgestattet sein sollte und Platz unter dem ersten Trockenrost findet. Diese kleinen Geräte gibt es in Heizstufenbereichen von 500 bis 2000 Watt. Durch das Gebläse ist der Wirkungsgrad wesentlich besser.

Nicht allzu schwierig und vor allem preiswert ist es, einen Trockenschrank zu bauen, bei dem die Sonnenenergie als Heizquelle benutzt wird.

Ein Trockenschrank mit Boden und vorne aufklappbarem Deckel oder einer Lüftungsklappe an der Vorderwand für die Abluft wird auf etwa 50 cm hohe Pfosten gestellt. Die Rückwand der Kiste hat an der Unterseite eine 20 cm hohe Öffnung, an die der »Sonnenkollektor« angefügt wird. Dazu wird eine dünne Spanplatte in der Breite der Trockenkiste und einer Länge von etwa 1 m mit dunkler Folie bespannt. Darüber werden unten und seitlich 20 cm starke Holzlatten genagelt und diese mit einer Glasscheibe abgedeckt. Strahlt die Sonne auf die Glasscheibe, erwärmt sich die Luft im Innern und steigt durch die Öffnung in die Kiste.

Daß dies nur bei gutem Wetter funktioniert und wenn der Sonnenkollektor nach der Sonne ausgerichtet ist, schränkt die Gebrauchsfähigkeit natürlich ein.

Der Solartrockner der Firma ULOG funktioniert auf die links beschriebene Weise.

Trocknen mit elektrischen Dörrgeräten

Wer nicht über die Möglichkeiten zur Lufttrocknung oder über genügend Platz zur Aufstellung eines großen Trockenschrankes verfügt, und wer sich nicht an den Eigenbau wagt, verwendet ein elektrisches Dörrgerät. Der Handel bietet einige Modelle verschiedener Hersteller an. Die Geräte aus emaillelackiertem Leichtmetall oder hitzebeständigem Kunststoff bestehen im wesentlichen aus einem stabilen Untersatz, der den Heizteil enthält und darüber liegenden Trokkensieben, die mehrfach ineinander gesteckt werden können. Der Heizteil ist eine einfache Wärmeschlange mit einem darüber befestigten Luftpropel-

Handelsübliches, elektrisches Dörrgerät mit Heizschlange und Luftpropeller. Es können dabei bis zu 10 Siebe übereinander gestapelt werden.

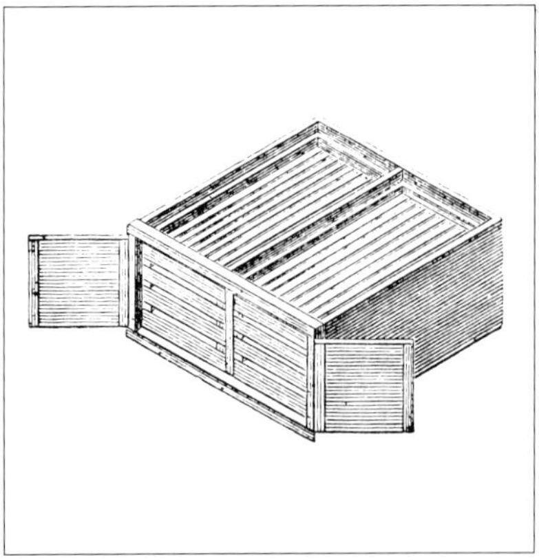

Ein alter Dörrkasten aus Holz, wie er vor einigen Jahrzehnten noch Verwendung fand.

Bei dieser Skizze einer elektrischen Darre erkennt man sehr gut die Trockensiebe, die Heizspirale und den Luftpropeller.

In einem solchen, mit Holz beheizten Trockenschrank aus Metall konnte eine Menge Obst auf einmal getrocknet werden. Aus einer Anleitung aus dem Jahr 1881.

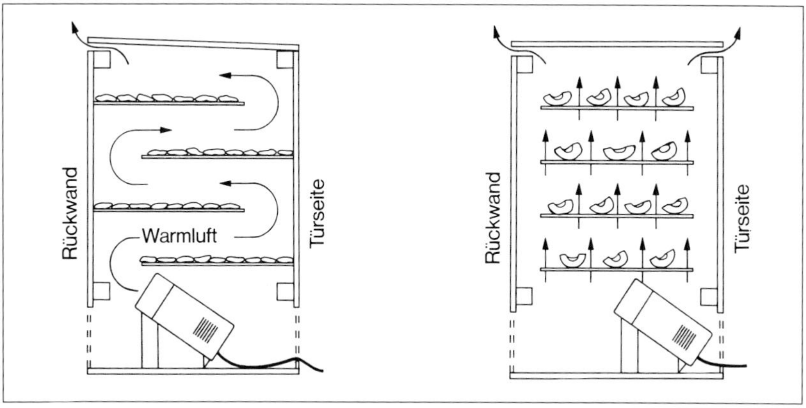

Die Luftführung beim Trocknen ist mit entscheidend für die Qualität des Dörrgutes. Die aufsteigende Luft muß ungehindert über das Dörrgut streichen können. Dies erreicht man durch versetzte Siebe oder lockere Belegung.

ler, der von der aufsteigenden Wärme in Rotation versetzt wird und den Luftstrom gleichmäßig verteilt (SIGG dörrex), oder eine Heizspirale mit einem elektrischen Gebläse, das die Warmluft förmlich durch die Siebe preßt (STARMIX Vitasafe). Die Geräte besitzen einen regelbaren Thermostat, so daß man die Wärmezufuhr auf das Trockengut abstimmen und damit Überhitzung vermeiden kann.

Die Siebe bestehen aus rostfreiem Metalldraht oder aus hitze- und spülmaschinenfestem Kunststoff. Beides eignet sich gleich gut zum Dörren; Nachteile des Metallgitters im Dauerversuch ergaben sich nicht, schließlich sind auch die Töpfe im Haushalt aus Metall. Beide Siebarten lassen sich in der Spüle leicht reinigen und brauchen danach bloß abzutropfen.

Laut Herstellerangaben lassen sich bis zu zehn belegte Trockensiebe aufeinander stapeln. Dann muß man allerdings für lockere Belegung der Siebe sorgen und das Trockengut oft umschichten; bei Früchten mit besonders hohem Feuchtigkeitsgehalt (Erdbeeren, Pfirsiche) wird man sich auf weniger, höchstens fünf Siebe beschränken. In einer Grundausstattung befinden sich meist drei Siebe, zusätzliche können problemlos nachgekauft werden.

Die Herstellerangaben für den Stromverbrauch schwanken von 300 bis 450 Watt; bei eigenen Versuchen erwies sich ein solches Gerät als sehr brauchbar, trocknete gleichmäßig bei geräuscharmem Ventilatorlauf. Der Platzaufwand ist sehr gering: Eine Fläche von etwa 40 × 40 cm genügt bereits.

Der Stromverbrauch erscheint zunächst erheblich. Für den Betrieb eines normalen Gefrierschrankes muß man in 24 Stunden durchschnittlich mit einem Verbrauch von 1,5 kW rechnen. Das Dörren von 5 kg Pflaumen bei einem realistischen Zeitaufwand von 12 Stunden und einer Leistungsaufnahme von 300 W schlägt dagegen mit 3,6 kW zu Buche. Damit ist aber der Energieaufwand für die Haltbarmachung der Früchte bereits erschöpft, sie brauchen dann nur noch richtig gelagert zu werden. Der Gefrierschrank jedoch läuft das ganze Jahr über, was bei der oben angenommenen Leistungsaufnahme doch gute 500 kW pro Jahr bedeutet. Nimmt man für den jährlich anfallenden Dörraufwand mit einem elektrischen Dörrgerät zwei Monate Einsatz an, so entsteht ein Verbrauch von etwa 440 kW, wenn es Tag und Nacht in Betrieb ist, und damit lassen sich immerhin 600 kg Obst dörren.

Die in den Gebrauchsanleitungen genannten Richtzeiten für die einzelnen Obst- und Gemüsesorten reichen bei sorgfältiger Trocknung bis zur Lagerreife oft nicht aus. Sie können bis zu einem Drittel der vorgesehenen Zeit überschritten werden und können nur Anhaltspunkte sein.

Wie macht es die Industrie?

Dies sei hier der Vollständigkeit halber ebenfalls erwähnt. Für Großverbraucher wie Kantinen und Mensen zählt bei der Verwendung von Trockengemüse in erster Linie die problemlose, rasche Weiterverarbeitung. Die Qualität des Trockengutes wird also durch die Quellfähigkeit bestimmt, die angibt, wieviel Gramm Wasser unter Standardbedingungen von 10 g Trockengemüse aufgenommen werden. Es leuchtet ein, daß sich die Qualität proportional zur Quellfähigkeit verhält; je höher sie ist, desto wertvoller ist das Trockengut.

Beim Einsatz des Trockengemüses zur Speisenbereitung braucht man wegen des Quellens in Wasser relativ viel Zeit. Daher bewirkt eine besondere Behandlung, die man als hydrothermischen Aufschluß bezeichnet, daß das Einquellen wegfällt und das Gemüse schon nach zehn Minuten gar ist. Das küchenmäßig zubereitete Gemüse wird in Dämpfapparaten über einen gewissen Zeitraum einem Dampfdruck von etwas über 1 bar ausgesetzt. Hierbei schließt man die Zellen auf und erreicht somit die später notwendige Gare.

Das modernste industrielle Dörrverfahren ist zur Zeit die sogenannte Vakuum- oder auch nur Gefriertrocknung, als Schlagwort am bekanntesten vielleicht vom Kaffee. Hierbei friert man das zu trocknende Produkt nach entsprechender Vorbehandlung zuerst einmal ein und setzt es in tiefgefrorenem Zustand einem hohen Vakuum aus. Wasser (in Form von Eis) geht dabei in den gasförmigen Zustand über und wird abgesaugt. Diese Kombination von Unterdruck und Kälte bewirkt äußerst schonende Behandlung des Dörrgutes. Außerdem bleiben arteigenes Aroma, Form und Farbe ziemlich erhalten. Der Nachteil ist zum Teil in aufwendigen Anlagen und einem hohen Energieverbrauch zu sehen, so daß diese Technik nur mäßig angewandt wird.

In besonderen Sprühtrocknungsanlagen, die man in Trockentürmen unterbringt, wird fein zerkleinerte Rohmasse aus Tomaten, roten Rüben, Sellerie und Zwiebeln versprüht und getrocknet. Ein heißer Luftstrom führt dabei die Feuchtigkeit rasch ab. Das so gewonnene Gemüsepulver dient zur Suppenherstellung; Obstpulver verwendet man als Geschmacksträger für Eispulver, Puddings und für Süßwaren.

Natürlich kann man auch selbst Obst- oder Gemüsepulver für den Hausgebrauch herstellen. Man zerkleinert das Dörrgut dazu möglichst fein und »übertrocknet« es, bis es so gut wie keine Feuchtigkeit mehr enthält und bröselig wird. Dann zerreibt man es mit einem Nudelholz zu feinem Pulver. Selbstverständlich eignen sich dafür nur Obst- und Gemüsesorten, die beim Trocknen spröde, nicht ledern werden. Pilzpulver, Zwiebelpulver und Gewürzpulver aus Suppengemüse sind bekannte Anwendungen dieser Methode.

Acht goldene Regeln

1. Alle Früchte, die getrocknet werden sollen, müssen reif, sauber und von guter Qualität sein. Überreife, wurmige oder fleckige Früchte kommen nicht in Betracht.
2. Kerngehäuse, Kerne und Stiele werden vorher sorgfältig entfernt; Äpfel werden geschält. Birnen können auch mit der Schale und sogar mit dem Kerngehäuse gedörrt werden (zum Beispiel als Stuttgarter Hutzeln); Pilze putzt man gleich beim Sammeln grob.
   Das geschälte und vorbereitete Obst muß so schnell wie möglich in die erwärmte Darre gebracht werden, damit es nicht braun und unansehnlich wird.
3. Blanchieren oder kurzzeitiges Vorkochen von Obst und Gemüse erleichtert sowohl das Dörren als auch die Weiterverarbeitung des Getrockneten später in der Küche.
4. Früchte werden zum Dörren niemals aufeinander, sondern immer nebeneinander gelegt.
5. Zum Trocknen eignet sich nur trockene, warme Luft, die zirkulieren kann.
6. Zügiges Trocknen bei jeweils richtiger Temperatur verhindert Nährstoffverlust und Schimmelbefall.
7. Der Dörrprozeß ist dann abgeschlossen, wenn beim Drücken der Früchte kein Saft mehr austritt. Pilze sollen »rascheln«, Gemüse soll lederartig sein und Kräuter sollen bröseln.
8. Das fertige Trockengut lagert man dunkel in dicht schließenden Gläsern oder an trockenen Plätzen in braunen Papiertüten. Die Temperatur im Lagerraum sollte 15 °C nicht übersteigen.

Diese Grundregeln sind die Voraussetzung für gute Qualität.

Trockenzeiten

In der Tabelle sind Richtwerte für das Dörren der im Buch besprochenen Obst- und Gemüsesorten zu Hause angegeben. Natürlich hängt die individuelle, tatsächliche Trockenzeit einer jeden Frucht von ihren augenblicklichen Gegebenheiten wie Wassergehalt, Reifezustand, Größe und Trockenart ab. Die Erfahrungswerte beziehen sich auf das Dörren mit einer elektrischen Darre bei lockerer Belegung der Trockensiebe. Die Tabelle bietet damit immerhin Anhaltspunkte für die Trockenzeiten. Unter der Rubrik Dörrgrad wird angegeben, auf wieviel Prozent ihres ursprünglichen Volumens die Frucht nach dem Trockenvorgang ungefähr schrumpft.

Früchte	**Trockenzeit/h**	**Aufbereitung**	**Dörrgrad**
Äpfel	8	ca. 10 mm dicke Scheiben	40%
Birnen	10	geviertelt	25%
Aprikosen	12	halbiert	30%
Kirschen	11	ganz	40%
Pflaumen	12	halbiert	35%
Pfirsiche	10	dünne Spalten	20%
Bananen	8	8 mm Scheibchen	50%
Heidelbeeren	10	ganz	30%
Brombeeren/ Himbeeren	12	ganz	25%
Erdbeeren	14	halbiert	25%
Holunder	12	ganz	30%
Hagebutten	6	geviertelt	50%
Gemüse	Trockenzeit/h	Aufbereitung	Dörrgrad
Karotten	6	kleine Schnitze	25%
Paprika	6	10 mm Streifen	30%
Tomaten	8	Scheibchen	25%
Blumenkohl	6	blanchiert in kleinen Röschen	50%
Bohnen	5	kleine Schnitze	60%
Zwiebelgemüse	5	Stückchen	50%
Pilze	Trockenzeit/h	Aufbereitung	Dörrgrad
Maronen, Birkenpilze, Rotkappen u. a.	8	Scheibchen	50%
Körner	Trockenzeit/h	Aufbereitung	Dörrgrad
Mais	6	ganze Körner	80%
Getreide	5	enthülst	90%
Samen, Kerne und Nüsse	4	ohne Schalen	90%

Damit Birnenschnitze so hell bleiben, werden sie in Zuckerlösung und 0,1 %iger Zitronensäure blanchiert.

1. Allgemeine Regeln über das Dörren des Obstes.

Als allgemein gültige Regeln für das Dörren des Obstes mögen die folgenden gelten:

1) Alles Obst, was gedörrt werden soll, muß, um wirklich gutes Trockenobst zu geben, vollkommen reif sein und seine gehörige Ausbildung erlangt haben.

Verkrüppeltes, unausgebildetes, sowie fleckig gewordenes, überhaupt beschädigtes Obst taugt nicht zum Dörren oder gibt nur ein ordinäres Dörrobst.

2) Teiges Obst, überhaupt Früchte, welche ihre Zeitigungsperiode überlebt haben, taugen nur ausnahmsweise zum Dörren. Den Holzbirnen ähnliche, hartteigende Birnsorten, die ein hartes, rübenartiges Fleisch haben, z. B. die Wildling vom Einsiedel, Weiler'sche Mostbirn, läßt man teig werden, ehe sie zu Huzeln gedörrt werden, und solche geben dann oft sehr wohlschmeckende Dörrfrüchte. Auch stark aufgefallene und dadurch fleckige Früchte sind, da deren Fallstellen zähe werden, nicht zu schönem Dörrobst geeignet.

3) Wurmiges Obst ist möglichst zu vermeiden; es ist ekelhaft zum Genuß. Läßt man die Früchte, besonders Pflaumen und Zwetschen, recht lange am Baum, so fallen alle wurmstichigen vorher ab, und man hat bei der Ernte nur gesunde Früchte.

4) Rein saure Kernobstfrüchte, sowie auch rein süße, geben weitaus nicht so wohlschmeckende, gedörrte Früchte, als diejenigen, bei welchen Zucker und Säure in angemessenem Verhältniß gemischt sind, wie z. B. bei dem Danziger Kantapfel, der Wintergoldparmäne, dem Luiken, den allermeisten Reinetten, oder wenn die Süße der Früchte mit etwas Herbe gemischt erscheint, wie bei der Römischen Schmalzbirn, Gelben Wadel- oder Langbirn und anderen ähnlichen Sorten.

5) Die meisten unserer Süßäpfel werden beim Dörren zähe und kochen sich nicht weich, sondern bleiben lederartig; die rein süßen und zugleich sehr saftreichen Birnen, z. B. Weiße Herbstbutterbirn, Stuttgarter Gaishirtenbirn, geben zwar sehr gutes, feines Dörrobst, doch nicht von dem pikanten, kräftigen Geschmack, wie das bei den meisten herbsüßen Birnen der Fall ist.

6) Alle Aepfel, welche gedörrt werden, müssen von ihrem Kernhaus befreit werden, sowie es auch durchaus nöthig ist, dieselben zu schälen. Das Kernhaus der Aepfel ist pergamentartig daher unverdaulich und kocht sich nicht weich, während das der Birnen häutig ist; auch die Schale der Letzteren wird im Kochen weich und genießbar, weßhalb Birnen auch ungeschält und mit dem Kernhause gedörrt werden können und sehr häufig auch so gedörrt werden (Huzeln). Die Schale der Aepfel ist zähe und nicht verdaulich, mit Ausnahme einiger weniger Sorten, wie des Fleiners, des Rothen Winter-Taubenapfels und einiger zartschaligen Rosenäpfeln.

7) Kleine und nahezu mittelgroße Aepfel werden am zweckmäßigsten bloß geschält, wie Borsdorfer, kleinere Luiken, Sommer-Rabau, Kleiner Langstiel, das Kernhaus ausgestoßen und nicht zerschnitzt; kleine Birnen, z. B. Langstielerbirn, Gaishirtenbirn,

Diese Regeln für richtiges Trocknen stammen aus dem Buch von Eduard Lucas aus dem Jahr 1881. Manches davon, wenn auch nicht alles, ist durchaus auch heute noch beherzigenswert. Die wichtigsten, heute gültigen Regeln sind auf Seite 23 angeführt.

dörrt man ganz und ungeschält: größere Früchte werden nach dem Schälen in 4—6 Theile zerschnitten und bei den Aepfeln dann zugleich das Kernhaus ausgeschnitten.

8) Bei dem Schälen und Schnitzen des Obstes ist große *Reinlichkeit* nöthig; Früchte, welche beschmutzt eingeerntet werden, wäscht man vor dem Einbringen in den Ofen oder vor dem Schälen, und läßt sie wieder abtrocknen; auch die Messer zum Schälen müssen öfter abgeputzt werden.

9) Das geschälte Obst muß, um eine schöne, helle Farbe zu behalten, *möglichst schnell* und ohne es lange geschält stehen zu lassen, in die zuvor gehörig erwärmte Dörre gebracht werden.

10) Zwetschen sollen zum Dörren erst dann verwendet werden, wenn sie *hochreif* sind, d. h. am Stiele etwas runzlig werden, so auch jene Weichseln, die sich lange gut halten: beide können vor dem Dörren, flach ausgebreitet, einige Zeit in trockenen, luftigen Kammern bewahrt werden.

Bei dem Dörren selbst ist als Hauptregel Folgendes zu beachten:

11) Dem *Kernobst* gebe man anfangs eine hohe Temperatur (60 bis 80 ° R.), und mäßige die Wärme später auf 43—50 ° R. — Früchte, *die in ihrem Dampf*, der sich Anfangs schnell entwickelt, *sieden* (schwelgen) wenn auch nur kurze Zeit, dörren besser und werden süßer und schmackhafter, kochen sich auch viel besser, als nicht in Dampf geschwelgte. Sowie man bemerkt, daß die Früchte so weich geworden, daß sie ohne besondere Mühe mit einem Strohhalm durchbohrt werden können, wird bei 45—50 ° Temperatur fortgedörrt, wozu es am besten ist, zwei vollkommen geschiedene Dörr-Räume, einen heißen und einen mäßig erwärmten, zu besitzen. Da solche Einrichtungen nur selten zu finden sind, ist es zweckmäßiger das zum Dörren vorbereitete Obst in einem Kessel in Dampf (wie es später beschrieben wird) 5—15 Minuten sieden (schwelgen) zu lassen und es dann erst in die Dörre zu bringen.

12) Zu *langsames* Dörren, sowie das Dörren bei fortwährend *niederer Temperatur* gibt *saures* Obst. Die an der Luft getrockneten Aepfelschnitze sollten deßhalb immer im Backofen noch eine kurze Zeit nachgedörrt werden, wodurch sie an Süße gewinnen, oder könnten auch (noch besser) im Backraum vorgedörrt werden.

13) Keine Obstsorte darf beim Dörren im Ofen *langsam erkalten*, sie verliert dadurch alles Ansehen und den schönen Glanz; letzteren erhält das Obst, wenn es recht heiß aus dem Ofen kommt und an der Luft schnell abkühlt.

14) *Mehrmaliges Dörren* und schnelles Erkalten befördert die Süßigkeit des Obstes, ist aber, der vermehrten Kosten halber, unpraktisch.

15) Die zum Dörren bestimmten Früchte, seien es Kern- oder Steinobstfrüchte, ganz oder geschnitzt, dürfen *niemals aufeinander gehäuft* in den Dörrhurden liegen, sondern nur neben einander.

Umrechnung Reaumur (°R) in Celsius (°C): 1 °R = 1,25 °C
43 °R = 54 °C, 50 °R = 62,5 °C, 60 °R = 75 °C, 80 °R = 100 °C.

16) Zwetschen, Kirschen, Weichseln und kleinere, ungeschälte, ganze Birnen zu Huzeln stellt man immer möglichst schräg mit dem Stielende nach oben gekehrt in die Dörrhurden.

17) Zu stark gedörrtes Obst wird zähe und kocht sich nicht mehr gut weich; vorzüglich darf aber das Dörren nicht bis zum Verbrennen oder Brenzlichtriechen fortgesetzt werden. Bei zu raschem Dörren werden solche Früchte, welche der Heizquelle am nächsten liegen, blasig und dann unbrauchbar; es muß daher bei der Feuerung der Dörren darauf gesehen werden, kein Material zu verwenden, welches (wie Tannenholz) eine zu rasche Hitze gibt. Astholz von Obstbäumen, Torf oder Lohkuchen sind das zweckmäßigste Heizmaterial zum Obstdörren.

18) Beim Steinobst darf, um das Auslaufen des Saftes zu verhüten, anfangs nur schwach gedörrt werden; sobald die Stielwunden abgetrocknet sind, wird stärker geheizt.

19) Aus allen abgewelkten (halbgedörrten) Steinobstfrüchten lassen sich die Steine durch einen leichten Druck herausschieben und auf diese Art ein sehr werthvolles Dörrobst erzielen.

20) Nur trockene Luft, nicht mit feuchten Dämpfen gesättigte, ist zum Dörren geeignet; man muß deßhalb darauf bedacht sein, trockene warme Luft zuzuführen und die feuchte Luft aus dem Dörr-Raum fortzuschaffen. Dies geschieht durch nach Belieben zu öffnende und zu schließende Luftzüge, sowie durch den Dampf ableitende Röhren.

21) Alles gedörrte Obst muß nach der Vollendung des Dörrens noch einige Tage an der Luft liegen, um nachzutrocknen.

22) Obst, welches bei fast gänzlichem Abschluß der Luft verpackt werden soll, braucht nicht so stark getrocknet zu werden, als jenes, welches auf gewöhnliche Art und Weise aufbewahrt wird; dies gilt besonders für die auf französische Art verpackten Pflaumen und Birnen; die aus Frankreich bezogenen Früchte enthalten immer noch 1/8 ihres Gewichts Wasser.

23) Vollständig gedörrtes Obst darf, wenn es auseinander gebrochen wird und wenn man es mit den Nägeln zusammendrückt, keine Tropfen mehr zeigen; dies gilt als bestes Kennzeichen des vollendeten Dörrens.

24) Gedörrtes Obst darf niemals warm verpackt oder noch warm in verschlossene Kästen gethan werden.

25) Zeigt sich später Schimmel oder stellen sich einzelne Maden oder Milben ein, so ist das Obst schleunig in eine hohe Temperatur (in den Backofen, nachdem das Brod herausgenommen) zu bringen und nochmals nachzudörren. Bei der Aufbewahrung an trockenen, luftigen Orten, wie in Kisten mit durchbrochenem Deckel, in Säcken auf dem Hausboden aufgehängt, halten sich die gedörrten Früchte recht gut 5 bis 6 Jahre lang in bester Qualität.

Gläser mit Schraubverschluß eignen sich sehr gut für die Aufbewahrung des Trockengutes.

Lagerung des Trockengutes

Gedörrtes Obst oder Gemüse, Kräuter und Pilze will man meist über einen längeren Zeitraum bis zur Verwendung aufbewahren. Die unvermeidbar enthaltene Restfeuchtigkeit von durchschnittlich 10 bis 15% bedingt eine korrekte Lagerung, damit man vor bösen Überraschungen sicher sein kann.

Will man das Dörrgut über mehrere Monate hinweg aufbewahren, gilt es vor allem, Feuchtigkeit von außen von den Nahrungsmitteln fernzuhalten und für eine gleichmäßige Temperatur, möglichst nicht über 15 °C, zu sorgen. Die Aufbewahrung des Trockengutes in der Küche kommt also wegen Wärme und Feuchtigkeit, die beim Kochen entstehen, nicht in Frage. Ideale Lagerräume sind ein luftiges Kellerabteil, eine Speisekammer oder ein belüfteter Vorratsschrank. Helles Tageslicht soll ebenso vermieden werden wie die Nachbarschaft stark riechender Lebensmittel wie Zwiebel oder Knoblauch. Der Geruch könnte sich leicht auf das Dörrobst übertragen.

Ähnlich wie zum Einfrieren packt man die Trockenfrüchte in vernünftigen Portionen ab. Kleinere Mengen kann man in Cellophantütchen oder in braune Papiertüten abfüllen, die noch den Vorteil besitzen, lichtundurchlässig zu sein. Allerdings erkennt man bei ihnen nicht, wenn es innen schimmelt. Überschüssige Luft drückt man beim Einfüllen heraus, danach kann man

Wer einen Gemüsegarten hat, kann vielerlei Gemüse trocknen und getrennt oder als Mischung aufbewahren.

mehrere Tüten miteinander in einer Dose verstauen. Genausogut eignen sich zur Aufbewahrung auch verschließbare Glasbehälter, Plastik- oder Blechdosen.

Entscheidend ist, daß das gelagerte Trockengut so verschlossen ist, daß weder Feuchtigkeit noch Luft einzudringen vermögen. Es ist nötig, von Zeit zu Zeit Stichproben zu nehmen und das Dörrgut zu kontrollieren.

Angeschimmeltes Dörrgut muß entfernt werden; es läßt sich nicht mehr verwenden. Außerdem muß man in einem solchen Fall benachbarte Tüten oder Gläschen unbedingt ebenfalls einer genaueren Kontrolle unterziehen. Mikroorganismen erwachen bei höherer Luftfeuchtigkeit (über 50%) sozusagen zu neuem Leben und können so viel Schaden anrichten.

Ist einmal etwas kaputt gegangen, sollte man sich die Mühe machen, nachzuprüfen, was die Ursache dafür sein konnte. Entweder wurde zu kurze Zeit getrocknet, oder die Ware war von Haus aus schlecht oder die Verpackung und der Lagerort entsprachen nicht den Anforderungen.

Eine wesentliche Arbeitserleichterung besteht darin, daß man sich von vorneherein angewöhnt, jedes Päckchen Dörrgut mit einem Aufkleber zu versehen, auf dem genau Datum und Inhalt vermerkt sind. Wenn man später einmal seinen Lagerbestand durchgeht, erkennt man auf den ersten Blick, welche Vorräte man noch be-

Manches Trockenobst wird man billiger und bequemer kaufen, um es für eines der Traditionsrezepte zu verwenden.

sitzt und was demnächst verbraucht werden sollte, denn lange Lagerzeiten verringern die Qualität, vor allem die Aromastoffe gehen verloren.

Verwendung und Verarbeitung des Trockengutes

Vieles an getrocknetem Obst kann man in der Küche anstelle von Frischobst für Kuchen verwenden. Dazu muß man das Trockenobst meist 2 bis 4 Stunden in lauwarmem Wasser weichen und aufquellen lassen. Das Einweichwasser, das auch einen Anteil gelöster Nährstoffe enthält, läßt sich bei vielen Rezepten mitverwenden.

Vielfach stellt man fest, daß man die getrockneten Früchte für die Verarbeitung zerkleinern muß. Dabei spielt es keine Rolle, ob es sich um gedörrt gekaufte Früchte wie Feigen oder selbstgetrocknete wie Aprikosen handelt. Die meisten Arten lassen sich problemlos in modernen Haushaltsmaschinen zerkleinern. Wo dies wegen zu hoher Zähigkeit (Zwetschgen) der Frucht schwierig ist, greift man auf den bewährten, alten Fleischwolf zurück und dreht die Früchte durch. Zuletzt schiebt man noch eine halbe Semmel nach.

Gemüse läßt man durchschnittlich zwei Stunden in kaltem Wasser quellen, bevor man es weiterverwendet. Für blanchiertes oder vorgekochtes

Auch hohe Einmachgläser mit Gummiring und Metallklammer eignen sich für die Aufbewahrung von Trockenfrüchten und gedörrtem Gemüse.

Gemüse reicht auch vielfach die halbe Zeit aus. Gemüse- oder Würzpulver, aus krautigen Gemüsen wie Petersilie, Sellerie und Pastinak, kann man direkt zum Würzen und Abschmecken von Gerichten benutzen. Verschiedene Mischungen von Suppengemüsen, Saucengemüsen usw. lassen sich gleich nach dem Dörren zusammen in Gläsern oder Tütchen aufbewahren. Damit hat man eine hervorragende Auswahl an fertig vorbereiteten Mischungen zur Hand, die die Küchenarbeit später sehr erleichtern.

Auch Dörrpilze lassen sich da mit einbeziehen. Zur Herstellung von Pilzpulver überdörrt man sie, so daß sie leicht zerkrümeln und ein gutes Würzaroma für verschiedene Saucen und Salate abgeben. Getrocknete Pilzscheibchen müssen ebenso wie Gemüse oder Obst vor dem Gebrauch 3 bis 4 Stunden eingeweicht werden.

Für Tees und getrocknete Heilkräuter gibt es je nach Ausgangsmaterialien bzw. Verwendungszweck verschiedene Zubereitungsarten.

Blüten werden nur kurz aufgebrüht, damit sie ihr Aroma behalten.

Blätter und Stiele werden mit kochendem Wasser aufgegossen und sollten fünf Minuten ziehen.

Wurzeln und Hölzer weicht man mehrere Stunden kalt ein und bringt sie dann im Einweichwasser auf Trinktemperatur. Eventuell kurz ziehen lassen.

Danach gießt man den Tee jeweils ab und trinkt ihn so, wie er ist oder süßt mit einer Spur Honig nach.

GERMANY

Dörrobst – Herstellung und Verwendung

Beinahe alle Obst- und Gemüsearten eigenen sich zum Trocknen und zwar umso besser, je niedriger der Wassergehalt ist. Wichtig ist, daß die Frischware von bester Qualität ist, gut ausgereift, ohne Druckstellen, Schorf oder Wurmbefall, die den Geschmack erheblich beeinträchtigen können. An Schadstellen können außerdem bereits Mikroorganismen tätig geworden sein, die das Dörrgut später während des Lagerns schimmeln lassen.

Wer keinen eigenen Garten besitzt und Obst und Gemüse kaufen muß, sollte, soweit das Dörren dann noch sinnvoll ist, herausfinden, wo er verläßlich unbehandelte, naturbelassene Ware erhält.

Alles Obst wird sorgfältig verlesen, gewaschen und gut abgetrocknet, von den Stielen befreit. Steinobst wird entsteint, aus dem Kernobst wird das Kernhaus herausgeschnitten. Etwaige Druckstellen an sonst guten Stücken schneidet man großzügig aus. Früchte wird man in den seltensten Fällen im ganzen trocknen. Ausnahmen sind Pflaumen und alle Beeren. Alles andere Obst wird halbiert, in Scheiben oder Schnitze geschnitten.

Um die Verfärbung des Fruchtfleisches zu verhindern, gibt es einen einfachen Trick: Frisch geschnittene Apfelscheiben, beispielsweise, taucht man kurz in 1%iges Salzwasser (10 g Salz auf 1 l Wasser). Manche Obstsorten, die über besonders viel natürliche Süße verfügen, kann man vor dem Dörren auch mit verdünntem Zitronensaft bzw. 0,1%iger Zitronensäure (0,01 cl Säure auf 1 l Wasser) einsprühen; dies erhält ebenfalls das ursprüngliche Aussehen der Früchte. Eine weitere Möglichkeit ist es, die Früchte vorzusüßen, was bei vielen Fruchtarten empfehlenswert ist. Die notwendige Zuckerlösung stellt man aus 500 g Zucker und 1 l Wasser her. In dieser Lösung erhitzt man die Früchte bis zum Sieden und läßt sie in der Zuckerlösung abkühlen. Dann läßt man die Früchte auf einem Sieb abtropfen, und trocknet sie, bis sie zwar weich und biegsam sind, auf Druck aber kein Wasser mehr freigeben. Hier wirkt die Zuckerkonzentration bereits konservierend und erfordert weniger intensives Dörren, so daß dabei auch die ursprüngliche Fruchtfarbe besser erhalten bleibt.

Das Obst wird sorgfältig auf die Dörrsiebe gelegt. Sie sollten nicht zu dicht belegt werden, keinesfalls dürfen Früchte übereinander liegen.

Bei etwa 50 °C wird vorgetrocknet. Damit alles gleichmäßig trocknet, werden die Siebe nach Möglichkeit gedreht oder das Obst wird gewendet und umgeschichtet. Danach kann die Temperatur fallweise auf 70 °C erhöht werden. Gegen Ende des Dörrens,

Nur Früchte bester Qualität, Sorgfalt bei der Verarbeitung und Erfahrung bringen so perfekte Ergebnisse.

Agar-Agar ist eine Meeresalge, die man zum Andicken von Fruchtleder verwenden kann.

wenn die Früchte nur noch wenig Wasser enthalten, wird bei niedrigerer Temperatur fertig getrocknet, um Geschmacks- und Farbveränderungen zu verhindern.

Obst ist ausreichend gedörrt, wenn es sich trocken und ledrig anfühlt und bei Druck keine Feuchtigkeit mehr austritt.

Fruchtleder und Fruchtpasten

Eine besondere Spezialität für den, der bereits über Erfahrung mit selbstgemachtem Dörrobst verfügt, sind Früchtemischungen oder sogenannte Fruchtleder oder -pasten. Dabei kann man zwei oder mehrere Fruchtsorten in einem beliebigen Verhältnis miteinander mischen; so etwa Apfelschnitze mit zerkleinerten Aprikosen und feingehackten Walnüssen.

Die Früchte werden klein geschnitten, gehackt oder geraspelt, vermischt und mit Honig gesüßt.

Diese Masse trägt man in etwa 1 cm Stärke auf eine Folie oder ein Butterbrotpapier auf, das über ein halbes Trockensieb gelegt wird. Über die verbleibende freie Hälfte des Trockensiebes erfolgt der Luftaustausch, der ja durch die Folie etwas behindert ist. Bei normaler, langsamer Lufttrocknung ohne Wärmequelle kann es bei niedriger Temperatur passieren, daß sich an einer Siebecke oder an Stellen, an denen die Masse etwas dicker aufgetragen wurde oder die Luftvertei-

Für Fruchtleder wird die pürierte und mit Honig gesüßte Masse, hier sind es Erdbeeren, auf Pergamentpapier aufgetragen.

lung schlechter ist, Grünschimmel ansetzt. Von einer Weitertrocknung ist in diesem Falle natürlich abzuraten; das Trockengut ist verdorben.

Um bei Fruchtleder und Obstmischungen Schimmelbildung von vorneherein auszuschließen, kann man die Masse mit Agar-Agar (einer Meeresalge, die man im Bioladen oder im Reformhaus erhält) oder mit Leinsamen andicken, wodurch die enthaltene Feuchtigkeit gleichmäßiger verteilt wird. Die Fruchtmasse darf nie zu dick aufgetragen werden und das Trocknen sollte bei Temperaturen um 65 °C stattfinden.

Nach dem Trocknen läßt sich die Masse (oder das Fruchtleder) vorsichtig von der Folie abziehen und in Würfel oder Rauten schneiden. Diese Fruchtstückchen sind an Wohlgeschmack kaum zu übertreffen und bei Klein und Groß gleichermaßen beliebt. Die Variationsvielfalt bei Fruchtleder ist beinahe grenzenlos und man sollte sich dabei nur von seiner Experimentierfreude und seinem Geschmacksempfinden leiten lassen. Selbstverständlich kann man dabei auch von einer Vielfalt an Gewürzen wie Koriander, Zimt oder auch Honig Gebrauch machen.

Eine andere Möglichkeit, Fruchtpasten zuzubereiten ist, die Früchte zunächst mit wenig Wasser weich zu kochen, dann zu pürieren und das Mus mit Zucker dick einzukochen. Diese Masse wird dann ebenfalls auf eine

Das getrocknete Erdbeerleder wird nach dem Dörren und Ablösen von der Folie in kleine Riegel oder Vierecke geschnitten.

Folie aufgetragen und getrocknet. Für diese Zubereitung eignen sich vor allem Äpfel, Quitten und Aprikosen.

Rezepte für Fruchtpasten sind bei den einzelnen Obstarten zu finden.

Äpfel

Äpfel gehören ohne Zweifel zu den vielseitigsten Früchten überhaupt. Sie lassen sich leicht lagern und sind widerstandsfähig. Es gibt sie in zahlreichen Sorten, die sich in Größe und Form der Früchte, Aroma und Zeitpunkt der Pflückreife unterscheiden. Auf die Sommersorten, bei denen Pflück- und Genußreife eng beisammen liegen, folgen die Herbstsorten und danach die Spätsorten, die erst ab Ende Oktober gepflückt werden. Kühl gelagert, bleiben sie bis in den März hinein genießbar.

Trotz der guten Lagerfähigkeit frischer Äpfel ist es reizvoll, Äpfel zu trocknen, weil Apfelschnitze vielseitig verwendbar sind. Geeignet sind vor allem die alten Sorten, wie Goldparmänen, Renetten und Gewürzluiken und alle anderen Sorten, bei denen Zucker und Säure in einem ausgewogenen Verhältnis stehen (6 kg frische Äpfel ergeben etwa 1 kg Trockenware).

Druckstellen und Schorfflecken beeinträchtigen den Geschmack erheblich. Deshalb werden nur ganz einwandfreie Früchte verwendet. Sie werden gewaschen und dann geschält. Eine gründliche Reinigung mit einer Bürste ist vor allem dann nötig, wenn die Schalen getrocknet werden sollen. Sie ergeben einen schmackhaften Tee.

Man kann die Äpfel schnell, d. h. bei etwas höherer Temperatur, in Viertel oder Achtel geschnitten trocknen oder das Kerngehäuse ausstechen und die Äpfel dann in Scheiben schneiden oder einfach halbieren und blättrig dünn hobeln. Damit sie gleichmäßig trocknen, achtet man darauf, daß die Schnitze alle ungefähr gleich stark sind. Aufgrund der enthaltenen Säuren oxidiert der Apfel beim Trocknen rasch und wird braun. Dagegen hilft kurzes Eintauchen in schwaches Zitronenwasser.

Will man Mischungen aus verschiedenen Obstsorten herstellen, eignet sich der Apfel besonders gut als Bindemittel. Siehe dazu die Herstellung von Fruchtleder Seite 36.

Damit Apfelringe sich beim Dörren nicht verfärben, beträufelt man sie mit Zitronensaft oder kocht sie kurz in Zuckerlösung auf.

Apfelringe in Ananassaft

2 kg feste Äpfel
250 g Cashewkerne
Saft einer Ananas
1 Teelöffel Honig

Die Kerngehäuse der gereinigten Äpfel ausschneiden, die Äpfel schälen und in Ringe schneiden. In einer kleinen Schüssel den Saft einer Ananas mit dem Honig gut verrühren. Nun die Apfelscheiben in den Saft tunken und auf die Dörrsiebe legen. Das Fruchtfleisch bleibt so weitgehend weiß und der Geschmack wird exzellent. Die getrockneten, geschrumpften Apfelringe mit den grobgehackten Cashewkernen zu einer vorzüglichen Knabbermischung für gesellige Winterabende mischen.

Apfelchips

500 g frische Äpfel
50 g Rosinen
etwas Honig

Die Äpfel und Rosinen fein hacken. Die Zutaten mischen und verrühren, bis die Konsistenz von festem Apfelmus erreicht ist. Dann etwa 1 cm dick auf Butterbrotpapier auftragen und

auf den Trockenrost legen. Die Masse schrumpft innerhalb weniger Tage bei richtiger Trocknung und kann danach in dünne Streifchen geschnitten werden.

Apfelknabberei

500 g Äpfel
300 g Bananen
50 g Walnüsse, grob zerkleinert
2 Eßlöffel Honig

Die Früchte sorgfältig zerkleinern und alles gut verrühren. Zuletzt den Honig und die Walnüsse daran geben. Das Püree auf eine Haushaltsfolie auftragen und schnell trocknen. Danach in kleine Würfel schneiden.

Apfelmarmelade

500 g getrocknete Äpfel
500 g Zucker (bei Gelierzucker etwas weniger)
25 g feingehackte, geschälte Mandeln
1 Zitrone mit unbehandelter Schale
1 l Wasser

Früchte mehrere Stunden in Wasser einweichen; anschließend Zucker, Mandeln und Zitronensaft beifügen. Nun ca. 40 Minuten unter Rühren kochen lassen. Zuletzt die Schale der Zitrone hineinreiben und die heiße Marmelade in vorbereitete, gut gereinigte und heiße ausgespülte Gläser abfüllen und luftdicht verschließen.

In vielen traditionellen Backwaren ist Dörrobst eine unverzichtbare Zutat.

Apfel- oder Quittenpaste

Etwa 2 kg Äpfel oder Quitten werden gewaschen, die Quitten werden außerdem gebürstet und abgerieben und dann mit Schale und Kernhaus zerkleinert (bei den harten Quitten ist es mit dem Schnitzelwerk der Küchenmaschine am einfachsten) und in wenig Wasser weichgekocht. Die weichgekochten Früchte werden durch ein Sieb gestrichen und die Masse dann gewogen. Mit der gleichen Menge Zucker verrührt, wird das Mus so lange bei schwacher Hitze gekocht, bis es dick ist und klumpig vom Löffel fällt. Die Quitten verfärben sich beim Kochen und werden tiefrot.

Diese Masse wird nun knapp 1 cm dick auf die mit Pergamentpapier belegten Siebe des Dörrgerätes oder auf ein Backblech aufgetragen und langsam getrocknet, dabei einmal gewendet, indem man frische Folie auf die Oberfläche der Masse legt, sie stürzt und die feuchte Folie von der Unterseite abzieht.

Die getrocknete Paste wird in Rauten oder in Würfel geschnitten und in Zucker gewälzt.

Apfelschalentee

Getrocknete Apfelschalen werden mit kochendem Wasser übergossen und zwei Minuten darin gekocht. Dies ergibt einen schmackhaften Tee. Eine Variante ergibt sich aus einer Mischung von Apfelschalen und getrockneten Hagebutten. Zum Süßen ist Honig geeignet, die Zugabe von Zitronensaft oder etwas Zitronenschale macht den Tee besonders erfrischend.

Apfel-Erdnußkonfekt

6 Tassen gehackte, feste Äpfel
1 Tasse Erdnußbutter
2 Eßlöffel Honig
1 Teelöffel Leinsamen

Die Zutaten gut durchmischen und etwa 1 cm dick auf Butterbrot- oder Pergamentpapier auftragen. Bei etwa 60 °C trocknen und in kleine Quadrate schneiden.

Birnen

Diese Frucht gehört mit dem Apfel zu einer der am häufigsten angebauten Obstarten. Leider ist die Birne sehr empfindlich. Sie läßt sich nicht lange lagern und bekommt rasch unschöne Druckflecken. Vor allem feste, aromatische Sorten sind zum Trocknen geeignet. Während bei Äpfeln nur wohlschmeckende Früchte mit ausgewogener Süße und Säure auch gutes Dörrobst ergeben, ergeben die herben Birnensorten, die im rohen Zustand oft einen weniger guten Geschmack haben, gutes Dörrobst; die feinen Butterbirnen sind besser zum Einmachen geeignet. Die Früchte sollen reif, keinesfalls aber überreif sein.

Die Birnen werden nur halbiert oder in Spalten oder dünne Scheiben geschnitten, die allerdings ähnlich wie Äpfel an der Luft leicht braun und unansehnlich werden. Dies tut dem Geschmack keinen Abbruch. Zum Trocknen verteilt man die Schnitze locker auf die Siebe und wendet sie nach einiger Zeit. Am besten trocknet man rasch bei mindestens 40 °C (5 kg frische Birnen ergeben etwa 1 kg Trokkenobst).

Ansehnlicher werden Birnenringe. Die Birnen werden gewaschen, die Kerngehäuse ausgestochen und dann werden die Birnen in etwa 5 mm dicke Scheiben geschnitten und auf den Trockenrost gelegt. Im elektrischen Dörrgerät sind die Scheibchen nach etwa 6 Stunden bei einer Temperatur von 70 °C gedörrt und lagerfähig. Sie bleiben dabei biegsam.

Sehr kleine Birnensorten werden ungeschält, leicht schräg aneinandergelehnt, auf die Siebe gereiht und so getrocknet. Dazu heißt es in einer alten Anleitung (s. auch Seite 27): »Dem Kernobst gebe man anfangs eine hohe Temperatur (60 bis 80 °R) und mäßige die Wärme später auf 43 bis 50 °R. Früchte, die in ihrem Dampf, der sich anfangs schnell entwickelt, sieden, wenn auch nur kurze Zeit, dörren besser und werden süßer und schmackhafter, kochen sich auch viel besser, als nicht im Dampf geschwelgte. Sowie man bemerkt, daß die Früchte so weich geworden, daß sie ohne besondere Mühe mit einem Strohhalm durchbohrt werden können, wird bei 45 bis 50 °R fortgedörrt.« Als Alternative wird in diesem Buch geraten, ganze Früchte zunächst etwa 5 Minuten in Dampf vorzugaren und dann bei 45 bis 50 °R zu trocknen, weil sie dadurch innen weicher bleiben. Ganze Früchte schrumpeln beim Trocknen stark und werden sehr dunkel, fast schwarz. Diese sogenannten Hutzeln, in anderen Gegenden auch Kletzen genannt, sind wichtigste Zutat zum »Hutzel-« oder Birnenbrot.

Wer Birnen bisher immer nur in frischen Zustand genossen hat, wird von dem gehaltvollen, ausgezeichneten Geschmack getrockneter Birnen überrascht sein.

Besonders viele Spezialitäten aus Dörrobst hat die Schweiz zu bieten. Das Rezept zu Glarner Birnbrot steht auf Seite 44.

Der Zuckergehalt der getrockneten Birnen entfaltet sich so richtig beim Kauen im Mund. Ein Großteil der Stärke hat sich beim Dörren in Zucker umgebildet.

Birnenkonfekt

1 kg reife Birnen
500 g aromatische Äpfel
Saft von 3 Zitronen
100 g Mandelsplitter, geröstet
etwa 1 kg Zucker

Birnen und Äpfel vierteln oder achteln, mit wenig Wasser weichkochen und durch ein Sieb streichen. Das Mus mit der gleichen Gewichtsmenge Zukker und dem Zitronensaft dick einkochen. Zuletzt die Mandeln unterrühren. Die Masse etwas abkühlen lassen und dann 1 cm dick auf die mit Folie belegten Trockengitter streichen und trocknen. Dabei einmal über frischer Folie wenden und getrocknet in Würfel oder Rauten schneiden.

Birnengusto

1 kg reife Birnen
etwas Zimt
Agar-Agar
2 Eßlöffel Honig

Birnen reinigen, schälen, Kerngehäuse entfernen und die Früchte vierteln. Dann mit dem Pürierstab oder im Mixer zu einem Brei zerkleinern, den Honig darunterrühren und Zimt nach Geschmack beimengen. Zuletzt etwas Agar-Agar darunter mischen und die Masse dünn auf Butterbrotpapier auftragen. Der Dörrvorgang sollte bei etwa 60–70 °C ablaufen; getrocknet wird der Birnengusto in kleine Rauten geschnitten.

Glarner Birnbrot

Hefeteig:
300 g Mehl
1/2 Tasse Milch
50 g Butter
1 Ei
15 g Hefe oder
1 Beutel Trockenhefe
Salz

Füllung:
500 g getrocknete Birnen
100 g Zucker
250 g Trockenpflaumen, entsteint
100 g Feigen
100 g Rosinen
100 g Nüsse
50 g Zitronat und Orangeat
1/2 Teelöffel Zimt
1 Prise Nelkenpulver
1 Glas Williamsbirne oder
Kirschwasser

Birnen, Pflaumen und Feigen einweichen, mit dem Zucker in wenig Wasser weichkochen. Über einem Sieb abtropfen lassen und dabei die Flüssigkeit auffangen. Die Früchte durch den Fleischwolf treiben oder mit dem Schneidstab des Handrührers zerkleinern und mit den übrigen Zutaten vermischen, so daß eine feste, aber nicht zu trockene Masse entsteht. Nach Bedarf etwas von dem abgetropften Saft zugeben.

Aus den anderen Zutaten einen Hefeteig herstellen und den gut gegangenen Teig dünn zu einem Rechteck auswellen. Mit dem restlichen Saft der Trockenfrüchte bestreichen. Die Füllung zu einem Laib geformt auf den Teig setzen und von allen Seiten sorgfältig einschlagen. Den wohlgeformten Laib mit dem Teigrand nach unten auf ein gefettetes Blech setzen, mit Eigelb bestreichen und mit einer Gabel regelmäßige Muster einstechen, die zugleich Zierde sind und Luftabzug. Bei mäßiger Hitze eine knappe Stunde backen.

Stuttgarter Hutzelbrot

500 g gedörrte Birnen
500 g gedörrte Pflaumen
500 g Feigen
250 g Zitronat und Orangeat
250 g gemahlene Mandeln
250 g gemahlene Haselnüsse
250 g Haselnüsse, ganz
250 g Walnußhälften
250 g Sultaninen
250 g Korinthen
250 g braunen Zucker
50 g Zimt
1/2 Teelöffel Nelken und Kardamom
1 Teelöffel Salz
1 kg Mehl
3 Päckchen Trockenhefe oder zwei
Würfel frische Hefe

Diese Zutaten ergeben etwa sechs Brote, die mehrere Wochen haltbar sind und nach einiger Lagerzeit überhaupt erst ihren vollen Geschmack bekommen.

Birnen und Pflaumen mindestens 12 Stunden einweichen, dann abtropfen lassen und das Einweichwasser auffangen. Die Früchte halbieren oder vierteln.

Mit etwa 1/4 l angewärmtem Einweichwasser, Zucker und Mehl einen Hefeteig ansetzen und gehen lassen. In der Zwischenzeit die Trockenfrüchte und Nüsse mit den Gewürzen vermischen und dann nach und nach den locker aufgegangenen Hefeteig unter-

Früchtebrot, Stuttgarter Hutzelbrot, Kletzenbrot, viele Regionen haben ihren eigenen Namen und ihr Spezialrezept. Das klassische schwäbische Rezept steht auf Seite 44.

kneten. Den Teig mit Mehl bestäuben und zugedeckt an einem warmen Platz gehen lassen, bis er Risse bekommt. Das kann einige Stunden dauern. Dann den Teig in 6 gleiche Teile teilen und Laibe formen. Diese müssen nochmals mehrere Stunden gehen – mit einem Tuch abgedeckt, damit sie nicht austrocknen. Dann werden sie bei 200 °C etwa 45 Minuten gebacken und noch warm mit dem Einweichwasser der Birnen bestrichen.

Pflaumen und Zwetschgen

Gedörrte Pflaumen oder Zwetschgen werden besonders gern im Herbst und Winter in der Küche verwendet und viele traditionsreiche Rezepte und regionale Spezialitäten von den englischen »Prunes«, die unbedingt zum englischen Frühstück gehören oder in anderen Gegenden als Backpflaumen zu Wildgerichten gegessen werden, bis hin zum bayerischen »Zwetschgenmanderl«, zeigen, daß sicher schon seit Jahrhunderten ein Teil der reichen Zwetschgenernte im Herbst zu Backpflaumen verarbeitet wird.

Gekaufte Trockenpflaumen haben den entscheidenden Nachteil, unter anderem mit Schwefel behandelt zu sein. Allerdings sind die sogenannten Kurpflaumen besonders weich und saftig. Sie stammen meist aus Kalifornien, wo sie industriell angebaut und geerntet werden. Immerhin stammen ca. zwei Drittel der Weltproduktion an Zwetschgen von der Westküste Amerikas.

Zum Dörren läßt man die Zwetschgen in der Sonnenhitze am Baum möglichst so lange reifen, bis sie leicht schrumpelig sind. Spätzwetschgen sind besonders geeignet. Nur makellose, reife Früchte sind zum Dörren geeignet; fleckige oder verwurmte Früchte werden aussortiert.

Das eigentliche Problem bei Zwetschgen und ihren Verwandten, den Mirabellen und Renekloden besteht im hohen Wassergehalt, der beim Trocknen Schwierigkeiten macht, wenn man die Früchte im ganzen dörren will. Lufttrocknung kommt deshalb meist nicht in Frage, weil der Trockenvorgang zu lange dauert. Besser ist schnelles Vortrocknen im Backrohr oder Dörren in einem elektrischen Dörrgerät. Erfolgt das Trocknen zu langsam, schimmeln die Früchte gerne, was sie natürlich für weiteren Genuß unbrauchbar macht. Bei richtiger Trocknung ist mit etwa zwanzig Stunden Dörrzeit zu rechnen; dabei schrumpelt die violette Frucht zu einer schwarzen, wohlschmeckenden Backpflaume (3 bis 4 kg Zwetschgen ergeben etwa 1 kg Dörrobst).

Will man Pflaumen nicht im ganzen trocknen oder verfügt man nicht über einen entsprechenden Trockenplatz bzw. ein geeignetes Gerät, dann werden die Früchte halbiert oder geviertelt. Man packt die Schnitze dann mit der Schnittfläche nach oben auf den Trockenrost und erhält nach etwa 8 bis 10 Stunden Dörrpflaumenstückchen, die sich für viele der Rezepte ebenso eignen wie ganze Pflaumen.

Heißes Pflaumenkompott

250 g Trockenpflaumen, entkernt und geviertelt
100 g Rosinen
100 g getrocknete Aprikosen

Die Pflaumen links sind halbiert und vorgetrocknet, rechts sind sie fertig gedörrt.

1 Prise Zimt
1 Schuß Sherry
1 Eßlöffel Zitronensaft
1/4 l Wasser

Alle Zutaten in einem Topf mischen und die Früchte einige Stunden weichen lassen.

Dann bei 180 °C im Backofen unter mehrmaligem Umrühren andicken lassen und heiß servieren.

Gefüllte Schweinerippe

1 kg Schweinerippe
200 g gemischtes Dörrobst, wie Pflaumen, Äpfel, Aprikosen
1/4 l Rotwein
Salz, Pfeffer
Majoran
1 Eßlöffel Zucker
25 g Butter
1 Becher Crème fraîche

In das Fleisch vom Metzger eine Tasche schneiden lassen. Das Dörrobst im Rotwein einweichen. Fleisch von innen würzen, mit dem Obst füllen und gut zustecken oder zunähen. Von außen würzen und im Bräter, mit dem Rippenteil nach unten im Backofen braten. Dabei mit der zerlassenen Butter übergießen, den Zucker überstreuen und den vom Obst abgetropften Rotwein angießen. Nach dem Braten Bratfond lösen und mit Crème fraîche zu einer Sauce kochen, bei Bedarf nachwürzen.

Pflaumenspießchen

Entsteinte, möglichst weiche Dörrpflaumen werden einzeln in dünne Scheiben Frühstücksspeck gewickelt und mit einem Zahnstocher festgesteckt. Die Röllchen werden in der Pfanne ausgebraten, bis der Speck knusprig ist. Die Spießchen schmekken gut zum Aperitif und sind mit Akkersalat auch als Vorspeise geeignet.

Himmelreich

200 g Dörrobst, gemischt
200 g Räucherspeck, mager
2 Teelöffel Speisestärke
Zucker, Salz, Zimt
etwas Zitronensaft

Das Dörrobst einige Zeit einweichen und dann erhitzen. Den Speck in etwa 3/4 l Wasser gar kochen, das Dörrobst ohne Brühe dazugeben und fertig garen. Nun den Speck entfernen, in kleinere Würfel schneiden und in die Brühe legen. Die Speisestärke kalt anrühren, dazugeben und kurz aufkochen. Zuletzt würzt man nach Geschmack und richtet die Speise mit Kartoffelknödeln an.

Apfel-Pflaumenschnitze

500 g frische Pflaumen
2 Äpfel
1 Teelöffel Leinsamen
(oder etwas Agar-Agar)
Honig oder entkernte Datteln

Pflaumen entsteinen, Äpfel schälen und das Kernhaus entfernen. Pflaumen und Äpfel im Mixer zu Mus zerkleinern. Leinsamen zum Andicken dazugeben. Mit Honig oder zerkleinerten Datteln süßen. Die Mischung etwa 0,5 cm dick auf eine Haushaltsfolie auftragen und trocknen. Nach dem Trocknen in längliche Streifen schneiden.

Apfel- und Pflaumenschnitze sind eine ideale Wegzehrung für Wanderungen, schmecken gut, sättigen ohne zu belasten und sorgen für ausreichende Vitaminzufuhr.

Würziger Hackfleisch-Snack

500 g Hackfleisch
60 g gehackte Mandeln
12 Dörrpflaumen
2 Zwiebeln
1 Ei
1 Teelöffel Paprikapaste nach Geschmack
2 Teelöffel Hackfleischwürze oder
1 gestrichenen Teelöffel Salz und etwas Pfeffer
60 g Paniermehl
12 Scheiben Frühstücksspeck
20 g Butter

Dieses hervorragende Konfekt wird aus Pflaumen und Walnüssen hergestellt. Rezept Seite 50.

Die Zwiebeln schälen und fein hacken, zusammen mit Hackfleisch, Ei, Gewürzen, Paniermehl und Mandeln zu einem Teig vermischen. Aus dem Teig kleine Bällchen mit je 1/2 Dörrpflaume in der Mitte formen, mit je 1/2 Speckscheibe umwickeln. Den Speck evtl. mit Zahnstochern feststekken. Die Bällchen in heißer Butter von allen Seiten knusprig braten.

Pflaumen-Nußkonfekt

500 g frische Pflaumen
50 g Walnüsse, fein geraspelt
100 g Korinthen
50 g grob gehackte Haselnüsse
Anis
etwas Essig

Pflaumen und Korinthen zu Mus zermahlen, Walnüsse und Haselnüsse beimengen und mit etwas Anis und Essig abschmecken. Trocknen wie bei Apfel-Pflaumenschnitze.

Gefüllte Pflaumen oder Datteln

Pflaumen und Datteln
Walnüsse, Mandeln oder Cashew-Kerne nach Angebot

Zwetschgen bei 50 °C vortrocknen, längs einschneiden, entsteinen und mit den Nüssen füllen.

Die Datteln ebenso längs einschneiden, entkernen und mit Nüssen nach Belieben füllen.

Anschließend wird dieses hervorragende Konfekt bei 60 °C fertig getrocknet. Dabei ziehen sich die Früchte fest um die eingeschlossenen Nüsse zusammen.

Zwetschgen-Heidelbeer-Nachtisch

250 g Zwetschgen, entkernt und getrocknet
100 g getrocknete Heidelbeeren
kleingehackter Kandiszucker
Mandelsplitter
Sahne

Zwetschgen und Heidelbeeren in gut 1/2 l Wasser einige Stunden einweichen und das Einweichwasser abgießen. Dann im Backrohr eine halbe Stunde erhitzen. Auskühlen lassen. Die Früchte mit Kandis und Mandelsplittern bestreuen und eine Sahnehaube aufsetzen.

Pflaumen in Rotwein

300 g Trockenpflaumen ohne Stein
1/2 l kräftiger Rotwein
3 Eßlöffel Orangenmarmelade
3 Eßlöffel Honig

Die Pflaumen in ein Einmachglas schichten. Sie sollten entsteint, aber ganz sein. Halbierte eignen sich nicht. Honig und Orangenmarmelade mit etwas Wein aufkochen, mit dem restlichen Wein vermischen und über die Pflaumen gießen. Glas verschließen und mindestens zwei Tage ziehen lassen. Die Pflaumen halten sich sehr lange und schmecken hervorragend zu Vanillepudding, Eis oder auch zu Wild.

Pflaumenwein

Wein zu Hause herzustellen, ist einfacher als man denkt. Frische Pflaumen oder Zwetschgen sind, ähnlich wie Aprikosen oder Pfirsiche, schwer zu entsaften, daher ist es günstig, von Trockenobst auszugehen, das beim Dörren zusätzlich Zucker gebildet hat. Um ca. 3 bis 4 l weinähnliches Getränk zu erhalten, benötigt man folgende Zutaten:

4 kg getrocknete Pflaumen
4 l Wasser
1 kg Zucker
4 Tabletten Hefenährsalz
Milchsäure
Reinzuchthefe

Die getrockneten Pflaumenviertel werden entweder in heißes Wasser gegeben und einige Zeit stehen gelassen oder man verwendet Antigeliermittel als Zusatz zum Verflüssigen des Fruchtbreies, dann kann man auch kaltes Wasser benutzen. Umrühren und die Früchte zerdrücken. Dann den Saft samt den restlichen Zutaten in einen absolut sauberen Gärballon abfüllen und schwenken, bis der Zukker aufgelöst ist. Anfangs täglich den Behälter vorsichtig schwenken, damit sich die Hefe gut verteilt und die Gärung richtig in Schwung kommt. Das Wasser für die Weinbereitung soll erstklassig sein (möglichst weich), dann wird auch der Wein erstklassig schmecken. Am besten benutzt man nur neue Korken, denn die sind wirklich dicht. Metallgefäße sollte man niemals verwenden, sondern am besten gläserne Behälter. Die Nährhefe arbeitet optimal bei 19–24 °C; eine möglichst konstante Temperatur ist unerläßlich. Je langsamer der Gärprozeß abläuft, desto feiner wird der Wein; Geduld ist dabei also höchstes Gebot. Nach ca. 2–4 Monaten ist die Gärung abgeschlossen und der Wein kann vorsichtig mit einem Schlauch abgezogen werden. Hat man vor, ihn länger zu lagern, empfiehlt sich der Haltbarkeit wegen die Zugabe einer Schwefeltablette.

Aprikosen

Sie gehören zu den edelsten Früchten und werden gewerbsmäßig auf großen Obstanlagen in Südafrika, der Türkei und in Kalifornien, aber auch in Griechenland und Italien angebaut. Im Weinbauklima, an warmen, geschützten Plätzen wachsen Aprikosen auch in Hausgärten. Je nach Sorte weisen die ovalen bis runden Früchte eine feine Behaarung oder aber eine glatte Oberfläche auf. Auch die Größe variiert etwas. Ähnlich wie Birnen vertragen reife Aprikosen häufiges Berühren nicht; nur allzu leicht bekommen sie Druckstellen und werden dann »matschig«. Damit sind sie jedoch für das Dörren unbrauchbar geworden, denn zum Trocknen kommen nur reife Früchte in Betracht. Man trocknet sie halbiert, mit der Schnittstelle nach oben. Besser ist es allerdings, die Früchte zu vierteln; der Trockenvorgang läuft dann rascher ab.

Mandelsplitter in Aprikosen

Frische, reife Aprikosen
Mandeln
Puderzucker

Mandeln brühen und schälen, dann in Hälften schneiden. Aprikosen waschen, halbieren und den Kern entfernen. In jede Aprikosenhälfte wird eine halbe Mandel gespießt, dann werden die Hälften mit Puderzucker bestäubt und auf die Trockenrahmen mit Zwischenraum für die Belüftung angeordnet. Bei erhöhter Temperatur unter Zuhilfenahme eines Heizlüfters oder im elektrischen Dörrapparat zügig trocknen. 10 bis 12 Stunden darf man rechnen, bis die Fruchthälften noch biegsam aber trocken sind.

Aprikosenchips

1,5 kg reife Aprikosen, entkernt
500 g Äpfel
1 reife Banane
Koriander, Honig

Äpfel waschen, schälen, vierteln und mit der geschälten Banane und den

entsteinten Aprikosen fein pürieren. Anschließend alles gut mit Koriander und Honig abschmecken. Dann die Masse etwa 1 cm dick auf Butterbrotpapier oder Haushaltsfolie so auftragen, daß höchstens das halbe Trokkensieb belegt ist. Nach dem Dörren, das etwa 8 bis 12 Stunden in Anspruch nimmt, den Früchtekuchen vorsichtig von der Folie ablösen und in schmale, fingerbreite Chips schneiden. Der Geschmack ist so gut, daß vermutlich keinerlei Lagerprobleme auftreten werden.

Der Stamm der Hunza in Indien lebt beinahe den ganzen Winter über von getrockneten Aprikosen, weil sie ein Optimum an Vitaminen und wichtigen Nährstoffen enthalten. Sie werden dort halbiert in großen Halden auf den Hausdächern getrocknet.

Aprikosenkonfekt

250 g getrocknete Aprikosen
1 kleines Glas Barack Palinka (Aprikosenbranntwein) oder Slibowitz
200 g Rohmarzipan
etwa 15 Mandeln, geschält
Schokoladenglasur

Aprikosen mit dem Alkohol übergießen und darin einige Stunden ziehen lassen. Jede Mandel mit etwas Marzipan umhüllen und zwischen zwei Aprikosenhälften legen. Aprikosen gut zusammendrücken und zur Hälfte in warme Schokoladenglasur tauchen.

Pfannapitta oder Domleschger Fruchtbrot aus Hefeteig mit getrockneten Äpfeln, Zwetschgen und Nüssen ist ebenfalls ein Rezept aus der Schweiz (Seite 57).

Fruchtkonfekt

200 g Marzipanrohmasse
50 g Dörrpflaumen
50 g getrocknete Aprikosen
50 g Orangeat
50 g Zitronat
50 g Feigen
150 g Puderzucker
2 Eßlöffel Kirschwasser

Marzipanrohmasse mit Puderzucker verkneten. Das Dörrobst klein schneiden und mit dem Kirschwasser unter das Marzipan kneten. Aus der Masse Kugeln formen und etwas flach drükken.

Aprikosenwürfel

1/2 Tasse gehacke Dörraprikosen
50 g Rosinen
20 g Sesamsamen
1 Eßlöffel Honig
2 Eßlöffel Sonnenblumenöl
50 g brauner Zucker
70 g Haferflocken
50 g Roggenmehl
25 g Weizenmehl
1/2 Tasse Milch
1 Teelöffel Zitronensaft

Die trockenen Zutaten rührt man in einer Schüssel gut zusammen. Den Honig mit Öl in einer Pfanne bei schwacher Hitze schmelzen und dann auskühlen lassen.

Nun rührt man alles zusammen und fügt die Milch und den Zitronensaft hinzu. Die Masse wird gerührt, bis sie klebrig fest ist, und dann in eine gefettete Backform gegeben. Bei 150 °C bäckt man den Teig nun 30 Minuten, schneidet ihn dann in kleine Würfel und läßt diese auskühlen. Die Aufbewahrung erfolgt am besten in luftdichten Dosen.

Früchteleckerei

50 g getrocknete Aprikosen
50 g Apfelschnitze
30 g Rosinen
5 Teelöffel Stärkemehl
3 Eßlöffel Honig
1/3 l Orangensaft

Zerkleinerte Aprikosen, Apfelschnitze und Rosinen mit dem Honig und etwas Wasser sorgfältig verrühren. Sodann verrührt man das Stärkemehl mit dem Orangensaft und gießt die Flüssigkeit über die Früchte. Alles wird fest verrührt und in eine flache Backform gegossen. Sodann bäckt man es bei 180 °C etwa 30 Minuten lang.

Aprikosensauce als Beigabe zu Fleisch

100g getrocknete Aprikosen
3 Schalotten
Saft einer halben Zitrone
etwas Butter
1 Eßlöffel Honig
1 Glas Portwein
Salz, Pfeffer

Aprikosen in Streifen schneiden und in Portwein einweichen. Schalotten schälen, klein schneiden und in Butter andünsten. Die Aprikosen mit der Flüssigkeit zugeben, und etwa 10 Min. dünsten und dann die übrigen Zutaten zugeben und mit Salz und Pfeffer kräftig würzen. Bei fehlender Flüssigkeit mit Bratenfond oder Fleischextrakt und etwas Wasser auffüllen.

Die Sauce schmeckt gut zu allem kurzgebratenen Fleisch.

Aprikosenwein

1 kg Trockenaprikosen
1 kg Kristallzucker
4 l heißes Wasser
Weinhefe
1 Tablette Hefenährsalz

Das gedörrte Obst wird mit kochendem Wasser übergossen und zwei Tage lang stehengelassen. Alle paar Stunden rührt man kräftig um; danach gießt man alles in einen sauberen Gärballon. Nun fügt man den Zucker, die Weinhefe und die fein zerstoßene Tablette Nährsalz hinzu und schwenkt den Gärballon sorgfältig, damit sich die Zutaten richtig mischen. Der Ballon wird sodann an einem gleichmäßig warmen, dunklen Ort aufgestellt und der Gäraufsatz angebracht. Die ersten vier Tage wird jeweils leicht geschwenkt, bis die Gärung richtig in Schwung kommt.

Nach etwa vier bis sechs Monaten ist die Gärung abgeschlossen. Nun wird der Wein geklärt, abgezogen und in Flaschen abgefüllt. Er soll nun nochmals vier Monate an einem kühlen Ort lagern, bevor man ihn schließlich trinkt.

Fruchtsuppe

4 Dörraprikosen
4 Dörrpflaumen
2 Eßlöffel Apfelschnitze
2 Eßlöffel gehackte Nüsse nach Wahl

2 Eßlöffel Korinthen
2 Teelöffel Honig
2 Gewürznelken
1 Teelöffel Speisestärke

Trockenfrüchte in 1 1/2 Tassen Wasser einweichen, abtropfen lassen und klein schneiden. In einem Topf verrührt man die Früchte, die Nüsse und den Honig mit den Nelken und dem Einweichwasser, bringt alles kurz zum Kochen und läßt es dann köcheln, bis die Früchte weich sind.

Inzwischen rührt man die Speisestärke in etwas Wasser an und gibt sie in die Fruchtsuppe. Weiter umrühren, bis die Suppe dicker wird.

Heiß servieren.

Trockenfruchtkompott

1 l Wasser
1 Orange, unbehandelt
1 Zitrone, unbehandelt
1 Zimtstange
300 g Trockenobst (Mischung aus gedörrten Aprikosen, Apfelringen, Zwetschgen usw.)

Dieses Kompott muß man bereits am Vorabend vorbereiten, damit die Früchte am nächsten Morgen so richtig aufgequollen und saftig sind. An Trockenfrüchten kann man dazu heranziehen, was man gerade im Haus hat.

Man schneidet die Orange und die Zitrone in dünne Scheiben, kocht sie zusammen mit der Zimtstange mit dem Wasser auf und läßt alles drei Minuten köcheln. Sodann gießt man die Flüssigkeit durch ein Sieb über die Trockenfrüchte und läßt sie mehrere Stunden quellen.

Trockenfruchtkompott, andere Zubereitung

200 g getrocknete Früchte: Apfelschnitze, Aprikosen, Feigen, Zwetschgen, Walnüsse oder andere Zutaten je nach Vorrat
4 Eßlöffel Honig

Die Trockenfrüchte über Nacht in heißem Wasser quellen lassen. Am folgenden Tag gibt man sie in einen Topf und läßt die Früchte köcheln, bis sie weich sind.

Das fertige Kompott kann man dann heiß oder kalt mit etwas Honig übergossen servieren. Die Krönung ist eine kleine Sahnehaube obenauf.

Saftgelee

6 Eßlöffel Agar-Agar
3/8 l Fruchtsaft nach Wahl
2 Eßlöffel Dörrfruchtschnitze nach Wahl und Vorrat, eingeweicht
6 Teelöffel Honig

Agar-Agar in 1/4 l Wasser verrühren und quellen lassen. Nun vorsichtig zum Kochen bringen und dabei umrühren, bis sich die Alge aufgelöst hat. Schließlich die eingeweichten Dörrfrüchte sowie den Fruchtsaft zufügen und mit dem Honig süßen.

Früchtebrot

200 g Honig
150 g Butter
4 Eier
je 125 Rosinen oder Korinthen, Sultaninen, Walnußkerne, Haselnußkerne, Feigen, Aprikosen, Datteln,

Schweizer Dörrobstschnittli, liebevoll mit Früchten und Nüssen verziert, schmecken zum Nachmittagstee mindestens so fein wie ein gebackener Kuchen. Rezept rechts.

Pflaumen, Birnen, Kirschen und Kokosraspeln
250 g Mehl
1 Päckchen Backpulver
1/2 Teelöffel Salz
1/2 Tasse Rum

Die Trockenfrüchte klein schneiden und mit dem Rum übergießen. Honig erhitzen und mit der Butter verrühren und abkühlen lassen. Dann mit den Eiern schaumig rühren. Nüsse und Trockenfrüchte, Salz und das mit Backpulver vermischte Mehl dazugeben. Den Teig in eine mit Backpapier ausgelegte Form geben und bei 175 °C etwa 2 Stunden backen. Die Backzeit hängt von der Backform ab, d.h. in einer Kranzform ist der Kuchen schneller durchgebacken als in einer kompakten Kastenform.

Dörrobstschnittli

10–12 Brotscheiben (Vollkorntoast oder helles Vollkornbrot)
30 g Butter
2–3 Eßlöffel Zucker
50 g grobgehackte Nüsse
50 g Sultaninen
1 Messerspitze Birnbrotgewürze (Zimt oder Nelken)
400 g eingeweichtes und durchpassiertes Dörrobst
1 Eßlöffel Zitronensaft
Nußkerne zum Garnieren

Die Brotscheiben in einer Pfanne in Butter rösten und im Zucker wenden. Nüsse, Sultaninen und Gewürze zu den passierten Früchten geben und zu einer streichfähigen Masse mischen, Zitronensaft beifügen. Die Masse auf die Brotscheiben verteilen. Mit verschiedenen Nußkernen hübsch ausgarnieren.

Pfannapitta – Domleschger Fruchtbrot

Hefeteig:
10 g Hefe
1 Teelöffel Zucker
2–3 dl lauwarmes Wasser
500 g Mehl
1 Teelöffel Salz
100 g Butter
200 g Zucker
1–2 Eier
500 g Dörrobst
einige Feigen
150 g Mandelsplitter
1 Teelöffel Anis

Die Hefe mit dem Zucker rühren, bis sie sich verflüssigt, etwas warmes Wasser (nicht über 37 °C) beigeben und an einem warmen Ort das Vorteigli gehen lassen. Das Mehl mit dem Salz in eine Schüssel geben oder auf dem Teigbrett einen Kranz bilden. Das Vorteigli sowie das restliche warme Wasser beigeben, den Teig verarbeiten, bis er zusammenhält. Nachdem man genügend geknetet hat, bilden sich im Anschnitt des Teiges Luftblasen. Den Teig wiederum gehenlassen. Die eingeweichten Dörrfrüchte fein schneiden und mit den restlichen Zutaten unter den Brotteig kneten. Masse in gefettete Spring- oder Cakeform einfüllen und nochmals eine Zeit gehen lassen. Den Ofen vorheizen, bei guter Mittelhitze eine Stunde backen.

Pfannapitta schmeckt nach einigen Tagen am besten.

Pfirsiche mit ihrem hohen Wasseranteil lassen sich am besten in dünne Scheiben geschnitten trocknen. Ein elektrisches Dörrgerät ist hier besonders nützlich.

Zimtring mit Dörrobst

300 g gemischtes Dörrobst je nach Vorrat
200 g Mehl
15 g Hefe
2 Eier
1 Eigelb
2 Eßlöffel Honig
50 g Butter
1 Teelöffel Zimt

Das Backobst 1 Stunde lang in 3/4 l Wasser einweichen. Inzwischen Mehl in eine Schüssel geben und in die Mitte eine Mulde eindrücken, die Hefe hinein bröckeln und mit der Milch verrühren. Den Hefevorteig 20 Minuten zugedeckt an einem warmen Ort gehen lassen.

Eier, Eigelb, Honig und Butter mit Zimt an den Teig geben und alles glatt verrühren. Den Teig mit einer Schale abdecken und nochmals 30 Minuten gehen lassen.

Eine Kranzform einfetten und den Hefeteig hineinfüllen. Im vorgeheizten Backofen eine halbe Stunde lang bei 200 °C backen. Das Dörrobst mit dem Einweichwasser auf niedriger Flamme weich kochen und mit Honig süßen. Zum Zimtring servieren.

Pfirsiche

Wie die Aprikosen gedeihen Pfirsiche nur im Weinbauklima, und nur wer selbst die besonders aromatischen, weißfleischigen Weinbergpfirsiche im Garten ernten kann, wird sie, wenn die Ernte reichlich ist, trocknen wollen.

Zum Trocknen dieser Frucht empfiehlt es sich, möglichst kleine Stückchen, Scheiben oder höchstens Achtel vorzubereiten. Nach dem Waschen kann man die reifen, relativ festen Früchte mit einem Tuch abreiben und so die Härchen entfernen. Dies ist aber nicht unbedingt notwendig, da sie am getrockneten Fruchtfleisch später kaum stören. Für 1 kg Dörrpfirsiche sind etwa 4 bis 5 kg frische Früchte nötig. Beim Dörren ist ferner zu beachten, daß besonders schnell und bei erhöhter Temperatur vorgetrocknet wird, damit Fäulnisbakterien keine Chance erhalten. Ähnlich wie bei der Aprikose ist der Pfirsich dann lagerhaltig, wenn die Fruchtschnitze gummiartig, d.h. biegsam geworden sind. Bei geviertelten Früchten muß man in einem elektrischen Dörrgerät mit Dörrzeiten von etwa 10 bis 12 Stunden rechnen.

Pfirsichstängli

1 Tasse Walnüsse, zerkleinert
1 Eßlöffel Mandelsplitter
150 g gedörrte Pfirsiche, gehackt
1/2 Tasse Honig
etwas Vanille
etwas heißes Wasser

Honig und Wasser mischen und die Nüsse und Mandelsplitter einrühren, bis die Mischung dickt. Danach ca. 1,5 cm dick auf eine Folie auftragen und vorsichtig verteilen, denn diese Mischung wird leicht bröselig. Mit einem angefetteten Messer in dem Pfirsich-Nußteil schmale Rechtecke – ca. 2 × 10 cm – (Stängli) darin markieren. Fertig dörren lassen.

Sobald die Stängli angetrocknet sind, die Folie entfernen, die Fruchtmischung wenden und weiterdörren, bis sie knackig lederartig fest ist. An den vorgeschnittenen Linien brechen und fertig trocknen. Sehr gut schmekken die Stängli, bestreut man sie vor dem Servieren mit etwas Zimt oder auch Kakaopulver (Nesquick, Kaba etc.).

Pfirsichscheiben

1 kg reife Pfirsiche
Zimt oder Kakaopulver

Pfirsiche halbieren, Kern entfernen. Dann Scheibchen von etwa 1 cm Dicke schneiden und auf den Trockenrost legen. Die Scheibchen leicht mit Zimt oder Kakaopulver bestreuen. Während des Dörrvorgangs kleben die Pfirsiche wegen des Schrumpfungsvorganges am Gitter des Dörrapparates fest, lassen sich jedoch nach dem Trocknen leicht ablösen.

Pfirsich-Yogu

40 g getrocknete Pfirsichschnitze
1 Natur-Yoghurt
1 Eßlöffel Honig

Die Pfirsichschnitze 8 Stunden in wenig Wasser einweichen. Danach mit

Wenn man die Pfirsichspalten mit der Haut nach unten aufs Trockensieb legt, kleben sie beim Trocknen nicht so leicht fest.

dem Mixer zerkleinern, den Honig und den Joghurt daranrühren und kaltstellen. Im Sommer ein sehr erfrischendes Getränk.

Kirschen

Bei der Vorbereitung der Früchte achtet man darauf, daß das Fruchtfleisch fest ist und sondert von Vögeln angepickte oder aufgeplatzte Kirschen aus. Da Kirschen auf mechanische Beschädigung und Hitze empfindlich reagieren, ist man gezwungen, die Kirschen unmittelbar nach der Ernte weiterzuverarbeiten.

Am einfachsten trocknet man die Kirschen so wie sie sind: Im ganzen; besser ist es, vorher den Kern herauszudrücken und die Kirschen anschließend mit der Schale nach unten zu dörren. In Lucas' Anleitung zum Obstdörren heißt es:

»Steinobst wird jederzeit zuerst langsam gedörrt; dasselbe muß entweder vor dem eigentlichen Dörren in der Luft abtrocknen und etwas welk werden oder wird zunächst bei stetem Dampfabzug und mäßiger Hitze so lange gedörrt, bis die Schale der Frucht runzlig wird; sind die Früchte bald ganz getrocknet, so bringt man dieselben in die heißen Schubladen und hemmt den Luftzug etwas, so daß die Früchte nun vollkommen dörren. Hier gehen die Früchte wieder auf und erhalten in dieser hohen,

Kirschen, die später trocken weiterverarbeitet werden sollen, sollten vor dem Dörren entsteint werden.

feuchten Wärme einen herrlichen Glanz, der ihnen bleibt, wenn sie recht heiß herausgenommen und an der Luft zum Abkühlen stehen gelassen werden.«

Trockenkirschen lassen sich zwischendurch essen oder ähnlich wie Rosinen für Kuchen und Torten verwenden. Außerdem kann man sie zur Herstellung von Punsch heranziehen.

Kirschriegel

2 Eier
4 Eßlöffel Honig
2 Eßlöffel Sojamehl
100 g Weizenmehl
1 Teelöffel Backpulver
1 Teelöffel Vanillezucker
1 Messerspitze Salz
100 g kleingehackte Walnüsse
200 g zerkleinerte Kirschschnitze

Eier schaumig schlagen und den Honig darunterrühren. Sodann das Mehl, Backpulver, Vanille und Salz dazu geben und die Masse gut verrühren. Zuletzt folgen die Walnüsse und die Dörrkirschen. Nun füllt man die Teigmasse in eine vorgefettete und bemehlte längliche Backform. Man bäckt im vorgeheizten Backrohr bei 180 °C etwa 25 bis 30 Minuten, bis der Teig durch ist. Aus dem ausgekühlten Gebäck schneidet man Riegel von 3 bis 5 cm Länge, die man in Kristall- oder Puderzucker wälzt.

SIGG

Heidelbeeren

Die gut ausgereiften, aber festen Beeren werden sauber verlesen. Die Früchte lassen sich schön locker auf dem Dörrgitter verteilt trocknen. Man kann aber auch aus zerdrückten Beeren mit Apfelbrei und Honig hervorragende Fruchtleder herstellen, die man in gewohnter Weise auf Plastikfolie oder Butterbrotpapier aufgetragen trocknen läßt. Anschließend schneidet man das Fruchtleder in fingerbreite Riegel. Getrocknete Heidelbeeren sind auch bestens als Kuchenbelag geeignet.

Die Siebe werden flach und nicht zu dicht mit den Früchten belegt.

Heidelbeersuppe

Getrocknete Heidelbeeren kocht man in Wasser kurz weich, fügt einen Schuß Wein zu, schmeckt mit Zucker und Zimt ab und läßt die Suppe mit ein paar Nelken kurz aufwallen.

Heiße Heidelbeeren

Getrocknete Heidelbeeren
Sahne, geschlagen
Kochschokolade, geschmolzen
Walnußhälften

Die Heidelbeeren in wenig Wasser einweichen und etwa sechs Stunden stehen lassen. Überschüssiges Wasser abgießen, die Beeren in Schalen verteilen. Die heiße Schokolade darüber gießen, die Sahnehaube aufsetzen und oben drauf eine Walnußhälfte setzen.

Heidelbeeren werden hier im elektrischen Dörrgerät getrocknet. Sie lassen sich vielseitig verwenden.

Johannisbeeren, Brombeeren, Himbeeren

Wenn man Johannisbeeren, Brombeeren oder Himbeeren für sich allein trocknet, wird man meist über das Ergebnis ein wenig enttäuscht sein, da von den kleinen Früchten außer Kernen wenig übrig bleibt und der Genuß der vertrockneten Beeren nicht gerade aufregend ist. Am besten lassen sich die getrockneten Beeren zu Pulver vermahlen und dann gemeinsam mit anderen Früchten zu Fruchtleder und Mischungen verarbeiten und können dort besondere Geschmacksakzente setzen.

Brombeerkonfekt

1 Tasse Sesamsamen
1 Tasse Sonnenblumenkerne ohne Schalen
1/2 Tasse Brombeerpulver
4 Eßlöffel Honig
1/2 Tasse Wasser
1 Teelöffel Vanille
feingehackte Haselnüsse

Wasser mit Honig und Vanille gut verrühren, dann Sesamsamen und Sonnenblumenkerne und das Brombeerpulver einrühren. Schließlich soviel gehackte Haselnüsse beimengen, bis die Masse ein dicker Brei wird. Nun trägt man alles auf Butterbrotpapier etwa 1 cm dick auf und trocknet bei 50 °C.

Brombeerpulver stellt man her, indem man die gut getrockneten Beeren im Mörser sorgfältig zerstößt und zerreibt.

Brombeer-Fruchtkekse

3 frische Äpfel
500 g reife Brombeeren
50–100 g Datteln
100 g Walnüsse
2 Eßlöffel Honig

Äpfel im Mixer zerkleinern, dann die Brombeeren dazu geben und alles zu Mus verrühren. Die Datteln entkernen und so darunter mischen, daß diese Früchte noch in kleinen Stückchen vorhanden sind.

Zur Geschmacksabrundung die gehackten Walnüsse und den Honig daran geben. Die Masse auf Folie oder Butterbrotpapier etwa 1 cm dick auftragen und zügig trocknen. Anschließend in Streifchen schneiden.

Statt Brombeeren kann man auch Himbeeren verwenden.

Teekuchen mit Brombeeren

200 g Mehl
25 g Margarine
1 Tasse warmes Wasser
1 Teelöffel Honig
10 g Hefe
etwas Zimt, Muskatnuß
50 g getrocknete Brombeeren,
50 g getrocknete Aprikosen
Milch für die Glasur

Zuerst fettet man eine kleine Brotform sparsam ein; danach mischt man die Gewürze unters Mehl und mengt die Margarine darunter. Sodann vermischt man Wasser, Honig und die Hefe, rührt gut um und gießt alles über das Mehl. Nun formt man einen weichen Teig, den man auf einem bemehlten Brett gut 5 Minuten knetet. Danach läßt man ihn zugedeckt 10 Minuten stehen.

Inzwischen heizt man das Backrohr auf 200 °C vor, legt die Brombeeren und Aprikosen in eine kleine Schüssel und übergießt sie mit kochendem Wasser. Nach 10 Minuten Quellzeit im warmen Backofen kann man die Früchte abgießen und in die Mitte des Teiges legen und fest einarbeiten. Man formt einen Laib und legt ihn in die Brotform; dort läßt man ihn 20 Minuten gehen.

Zuletzt wird der Laib mit warmer Milch bestrichen und 25 Minuten gebacken.

Johannisbeerkonfekt

1/3Tasse Honig
1/3Tasse Wasser
1/4 Tasse gemahlene Sonnenblumenkerne
1 Tasse Sesamsamen
2 Teelöffel Vanillezucker
gehackte Walnüsse nach Geschmack

Honig, Wasser und Vanillezucker gut vermischen, dann das Johannisbeerpulver (aus selbstgedörrten Johannisbeeren) beigeben. Gut verrühren, ein wenig ziehen lassen.

Nun Sonnenblumenkerne und Sesamsamen unterrühren und soviel von den Walnüssen einmengen, wie die Mischung verträgt. Je feiner die Konsistenz ist, desto besser und cremiger schmeckt das Naturkonfekt nachher.

Die Masse etwa 1 cm dick gleichmäßig auf Pergamentpapier auftragen und so lange dörren, bis sie gut zusammenhält. Zuletzt in Quadrate oder Rauten schneiden. Der Trockenvorgang wird sicher zwei Tage dauern, dafür bekommt man danach die Belohnung – schön weiches, herrlich erfrischend schmeckendes Konfekt!

Erdbeeren

Die Erdbeere enthält sehr viel Vitamin C und blutbildende Mineralstoffe; leider auch einen hohen Wasseranteil, der einem beim Dörren zu schaffen macht. Überhaupt muß man feststellen, daß die Erdbeere keine wirklich geeignete Frucht für selbständiges Trocknen ist: Sie schrumpft dabei zu sehr, verfärbt sich leicht bräunlich und auch der frische, charakteristische Geschmack leidet. Vielmehr wird man sie (wie alle Beerenarten) für Mischungen heranziehen, um dabei eine Geschmacksabrundung zu erzielen. Dörrt man Erdbeeren halbiert, so muß man mit Trockenzeiten von etwa 10 Stunden im elektrischen Dörrapparat rechnen; sie sind dann biegsam und lagerfähig.

Erdbeerleder

Feste Erdbeeren zu Brei mixen, einen fein zerkleinerten Apfel darangeben und etwas Agar-Agar, um die Konsistenz fester werden zu lassen. Mit dieser Meeresalge ist sparsam umzugehen, sonst bekommt man die Masse nach dem Dörren nicht mehr von der Folie.

Die Masse wird 1 cm dick auf Butterbrotpapier aufgetragen, rasch bei etwa 70 °C getrocknet, abgelöst und in kleine Quadrate geschnitten.

Im Mund entwickelt sich beim Kauen nach kurzer Zeit der charakteristische, intensive Geschmack reifer Erdbeeren.

Holunder

Die vollreifen Beeren enthalten sehr viel Flüssigkeit und färben stark dunkelrot. In der Industrie macht man von dieser intensiven Farbe beim Verschneiden von Obstsäften Gebrauch. Zu Hause kann man die getrockneten Holunderbeeren als vorzügliches Naturmittel gegen Durchfall verwenden.

Der Vitamingehalt des Holunders ist sehr groß (besonders B-Komplex).

Beim Trocknen ist mit Holunderbeeren ebenso zu verfahren wie mit Heidelbeeren; im übrigen gilt das unter

starmix VitaSafe
30
40
50
60
70°C

dem Abschnitt Brombeeren und Himbeeren Gesagte auch für diese Frucht.

Auch die Holunderblüten lassen sich gut trocknen (wie Kräuter). Sie ergeben einen heilkräftigen Tee.

Holundertee (Fliedertee)

hat eine blutreinigende, harn- und schweißtreibende Wirkung. Am besten übergießt man dazu die getrockneten Blüten mit kochendem Wasser und läßt den Tee anschließend 10 Minuten ziehen. Mit Honig gesüßt und heiß getrunken, bewährt sich dieser Tee auch bei Erkältungskrankheiten.

Hagebutten

Die Hagebutte ist eine seit altersher geschätzte Wildfrucht und enthält außerordentlich viel Vitamin C, ferner Karotin und verschiedene Säuren. Geschätzt wird sie als Heilmittel bei Nierenerkrankungen und Darmkatarrhen.

Die Früchte reifen im Herbst und lassen sich anläßlich eines Spazierganges bequem sammeln. Am besten erntet man sie, wenn sie hartreif sind. Zu weiche Früchte lassen sich nicht gut trocknen, sondern sind besser zu Marmelade oder Saft zu verarbeiten.

Vor dem Dörren schneidet man die gesäuberten Hagebutten in die Hälfte, entfernt die Kerne mit ihren störenden Härchen und legt die Fruchthälften mit der Schnittfläche nach oben aufs Dörrsieb.

Die Holunderdolden werden ganz auf die Trockensiebe gelegt. Die trockenen Beeren lassen sich dann einfach abstreifen.

Hagebuttentee

4 Eßlöffel getrocknete Hagebutten
1 Teelöffel Zitronensaft
Honig nach Geschmack

Hagebutten in 1 l kaltem Wasser über Nacht weichen lassen, dann 10 Minuten kochen, Zitronensaft beigeben und mit Honig abschmecken.

Winterheißgetränk

0,5 l Hagebuttentee wie oben
4 Eßlöffel Rotwein
Stangenzimt nach Geschmack
3 Eßlöffel Zucker

Hagebuttentee zubereiten, Rotwein darangeben und Zucker und Zitronensaft einrühren. Kurz aufkochen und mit Stangenzimt würzen. Heiß servieren.

Bananen

Zum Dörren eignen sich nur vollreife Bananen, bei denen der Reifeprozeß möglichst viel Stärke zu Zucker hat werden lassen. Die Banane eignet sich gut für Mischungen mit anderen Früchten, dem sogenannten Fruchtleder. Sie läßt sich aber auch einfach in schräge Scheibchen geschnitten trocknen. Nach 6 bis 8 Stunden sind die Bananenstückchen ausreichend trocken und enthalten nur noch etwa 20% Wasser.

Will man die Frucht als Ganzes trocknen, so hat dies wegen des Volumens unter erhöhter Temperatur abzulaufen. Mit dem fortschreitenden Wasserverlust beim Dörren verändert

Bananen werden als Scheibchen oder längs geschnitten gedörrt. Sie verfärben sich etwas und werden, je nach Reifegrad etwas »glasig«.

sich die Farbe der Bananenstückchen zu einem Mittelbraun. Dies hängt aber sehr vom Reifegrad der frischen Frucht ab, feste, gerade erst als reif zu bezeichnenden Früchte verfärben sich in der Regel weniger als leicht überreife Früchte.

Bananenbrot

300 g getrocknete Bananen
4 Eßlöffel Honig
2 Eßlöffel Öl
3 Eier
2 Teelöffel Vanillezucker
$^1/_8$ l Milch
1 Messerspitze Koriander
Salz
2 Eßlöffel Sojamehl
375 g Mehl
1 Päckchen Backpulver

Die Bananenschnitze werden einige Stunden in etwas Wasser eingeweicht. Dann fügt man nach und nach die anderen Zutaten hinzu und verarbeitet alles zu einem gleichmäßigen Teig. Dieser wird in eine gefettete und mit Mehl bestäubte Backform gefüllt und im Backrohr bei 180 °C etwa eine Stunde gebacken.

Nach dem Auskühlen warm oder kalt servieren.

Bratchips

Bananen schräg in großflächige Scheibchen schneiden, dann dörren, bis sie schrumpfen. Sie sollen aber noch schön weich und biegsam bleiben. Die getrockneten Scheiben in heißem Oliven- oder Sonnenblumenöl anbraten.

Orangen- und Zitronenschalen

Orangen- und Zitronenschalen sind nur verwertbar, wenn die Früchte unbehandelt sind. Zitronen sind meist gekennzeichnet, bei Orangen muß man beim Einkauf eigens danach fragen. Sie sind nicht überall und zu jeder Jahreszeit erhältlich.

Die Früchte werden dünn geschält, das Weiße möglichst entfernt. Je nach Verwendungszweck kann man die Schalen in größeren Stückchen, in Spiralen oder klein geschnitten dörren. Sie eignen sich zum Würzen von Gebäck und Süßspeisen, zur Beimischung zu Fruchtleder und zu Konfekt.

Orangenschalen mit Honig

2 Tassen getrocknete Orangenschalen
2 Tassen Wasser
5 Eßlöffel Honig

Unbedingt Schalen von ungespritzten, natürlich gezüchteten Orangen verwenden; die Konservierungsstoffe sind nämlich giftig. Die gedörrten Schalen in einem Gemisch von Honig und Wasser quellen lassen, bis die Schalen weich sind und der Sirup aufgesaugt ist.

Anschließend kühlen und verzehren; der süße, exotische Geschmack ist köstlich.

Gemüse – trocknen und verwenden

Das Dörren von Gemüse ist nur dem zu empfehlen, der eine gute Einrichtung zum Dörren besitzt und außerdem viel Gemüse aus dem eigenen Garten erntet.

Alles aus dem Garten, was man nicht frisch verwenden will oder was man im Überfluß besitzt, wird getrocknet und für später eingelagert. Von den Gemüsen eignen sich besonders die Kraut-, Wurzel- und Zwiebelgemüse, während Tomaten oder Gurken sehr an Volumen verlieren. Auf diese Weise kann man sich vor allem sehr einfach einen Vorrat an schmackhaftem Suppengemüse anlegen, das zum Würzen der verschiedensten Speisen nützlich ist.

Auch bei Gemüse wird nur beste Qualität verwendet, es wird sorgfältig geputzt, gewaschen und kochfertig vorbereitet.

Es ist empfehlenswert, Gemüse vor dem Trocknen zu blanchieren. Das verkürzt die Einweich- und Kochzeit bei der Verwendung.

Getrocknet wird bei etwa 70 °C. Die Gemüseschnitze sollen gelegentlich gewendet werden und der Trockenvorgang muß sorgfältig überwacht werden. Während getrocknete Früchte biegsam oder lederartig bleiben, werden fast alle Gemüse durch das Trocknen hart bis spröde und zerbrechlich. Eine Ausnahme bilden lediglich Tomaten und Paprika.

Getrocknete Tomaten sind eine beliebte Spezialität aus Italien. Man benötigt eine sehr fleischige Sorte.

Karotten wird man nur bei einer überreichen Ernte aus dem Garten trocknen.

Karotten

Zum Trocknen schneidet man die geschälten oder geschabten Karotten entweder in möglichst gleich große, etwa 5 mm dicke Scheiben oder man viertelt sie längs und schneidet sie dann in etwa 2 cm lange Schnitze. Karotten lassen sich ziemlich problemlos und rasch trocknen; schon nach ungefähr 6 Stunden fühlt sich das Dörrgut hart bis zäh an und ist somit zur Lagerung geeignet.

Sellerieblätter sind ein vielseitig brauchbares Gewürz und einfach zu trocknen.

Karottenreistopf

1/2 Tasse Naturreis
2 Tassen eingeweichte Karottenschnitze
1 Teelöffel Sonnenblumenkerne ohne Schale
1 Ei
1 Tasse Milch
2 Teelöffel geriebener Käse
Salbei, Salz und Kümmel zum Abschmecken

Den Naturreis kochen und anschließend mit Karotten und Sonnenblumenkernen vermischen.

In einem Gefäß Ei, Milch und Käse verrühren und mit den Gewürzen abschmecken. Über die Reismasse geben und durch durchrühren. Alles in eine gefettete Form geben und bei etwa 200 °C 30 Minuten backen.

Dieses Gericht läßt sich auch mit allen anderen Trockengemüsen oder mit Mischungen zubereiten.

Sellerie

Sellerie ist gleichermaßen Gemüse- und Gewürzpflanze. Vom Knollensellerie, der nur auf gut gedüngten Böden zufriedenstellend gedeiht, lassen sich in der Küche Blätter und Wurzel verwenden. Der Sellerie besitzt einen schwach süßlichen, würzigen Geschmack und wirkt harntreibend und nervenberuhigend. Er ist unverzichtbarer Bestandteil von Suppengrün und wird für Suppen und Bratensaucen verwendet. Zum Trocknen schneidet man die Knolle in dünne Streifchen oder Würfel, die man bei 60 °C dörrt. Selleriekraut wird gebündelt luftgetrocknet und danach zerrieben.

Da es Sellerie das ganze Jahr über zu kaufen gibt und er zudem gut lagerfähig ist, lohnt sich das Trocknen nur zur Verwendung als Suppengewürz und in Mischungen von Suppengemüse. Ein besonders kräftiges Gewürz erhält man mit Selleriesalz.

Selleriesalz

2 Eßlöffel Selleriewürfel, gedörrt
1 Teelöffel Kochsalz
1 Teelöffel getrocknete Sellerieblätter

Die getrockneten, möglichst klein geschnittenen Selleriewürfel werden mit dem Kochsalz und den Sellerieblättern im Mörser sorgfältig zerrieben. Das Pulver soll möglichst fein werden und eignet sich hervorragend als kräftige Würze für Salate, Saucen, Suppen und Fleischgerichte.

Zwiebeln

Dazu gehören die Speisezwiebel, die Perl- und Winterzwiebeln sowie Schnittlauch, Porree und Knoblauch. Im eigentlichen Sinne handelt es sich nicht um Gemüse, da sie zum Teil in Gerichten nur als Gewürze verwendet werden.

Speisezwiebeln, die man frisch nicht verbrauchen will, bereitet man zum Dörren vor: dazu werden sie wie üblich abgeschält, der Wurzelansatz entfernt und die Frucht in 5 mm dicke Scheiben geschnitten. Diese Scheiben legt man in etwas Abstand voneinander auf den Trockenrost.

Beim Dörren achtet man darauf, keine anderen Früchte zusammen mit Zwiebelgemüsen zu trocknen, da der intensive Geruch sonst leicht übertragen wird.

Da sich Zwiebeln lange Zeit, meist bis zum nächsten Frühjahr problemlos lagern lassen, werden sie sinnvollerweise nur zur Beimischung in Suppengemüse getrocknet.

Getrocknete Zwiebeln werden nur für Würzmischungen und Suppengemüse benötigt.

Schnittlauch

Schnittlauch wirkt appetitanregend und blutsenkend, welkt allerdings leicht. Dies tut er nicht, wenn man ihn fein schneidet und dann zügig bei etwa 60 °C trocknet. Mit anderen Gemüsen oder Kräutern kann er dann als Suppengewürz oder für Salat-Dressings dienen.

Ein Bündel aus Kräutern und Zwiebeln ist nicht nur nützlich, sondern auch dekorativ.

Lauch

Lauch, auch Porree genannt, ist eine der dankbarsten Gemüsepflanzen. Er ist winterfest und braucht weder Gewächshaus noch besondere Pflege. Zum Trocknen legt man die inneren gelbgrünen bis weißen Stangen in Blätter zerteilt und in Stückchen geschnitten nebeneinander auf das Dörrsieb und trocknet bei 70 °C. Nach fünf Stunden hat man zerbrechliche, dürre Lauchblätter. Durch Zugabe von getrocknetem Porree kann man vielen Gerichten einen schmackhaften Akzent verleihen.

Beliebt ist Porree kleingeschnitten in Suppen oder Reisgerichten und als Gemüsebeilage zu Fleischspeisen. Getrockneter Porree wird vor der Verwendung vorgeweicht und dann mit den anderen Zutaten wie Zwiebeln und Karotten gemischt.

Breite Bohnen werden in 2 cm große Stücke geschnitten. Blanchiert man sie, weichen sie später schneller auf.

Porreeomelett

1/2 Tasse Porree
2 Eßlöffel Wasser
2 Eier
Salz
1 Teelöffel Butter

Den eingeweichten, abgetropften Porree in Butter leicht andünsten; inzwischen die Eier schlagen, salzen und mit dem Wasser verrühren. Über den Porree gießen und stocken lassen.

Gemüse, die es das ganze Jahr über frisch gibt, trocknen? Ohne Putzen ist es in beliebigen Mengen schnell verwendbar. Für Gartenbesitzer ist das ein Vorteil.

Porreekroketten

1 Tasse Porree
2 Eier
2 Eßlöffel Mehl
1 Tasse Brühe
Salz, Pfeffer
1 Eßlöffel Butter
Semmelbrösel, Öl

Aus Butter und Mehl eine Mehlschwitze herstellen. Mit Brühe aufgießen und glatt rühren. Auskühlen lassen. Pfeffer, den abgetropften Porree und 2 Eigelb dazugeben.

Auf dem Arbeitsbrett aus der Masse genügend Semmelbröseln Kroketten formen. Dann in Ei wälzen und zuletzt in Semmelbröseln; in Öl kurz herausbacken.

Knoblauch

Knoblauch ist ein einjähriges Zwiebelgewächs, das aus dem Orient stammt. In letzter Zeit ist ein richtiger Knoblauchboom ausgebrochen, er gilt als schick, wird vermehrt in der alternativen Medizin gepriesen und etliche Kochbücher befassen sich ausschließlich mit dieser vielseitigen Pflanze. Im kalifornischen Knoblauchparadies Gilroy werden sogar jährlich Knoblauchfeste abgehalten, bei denen Knoblauch in buchstäblich jedem Gericht zu finden ist. Sogar Knoblaucheis wurde, allerdings kostenlos, an die eingefleischten Knoblauchfans ausgeteilt.

Aber auch in Europa leben unzählige Knoblauchfreaks: Jedes Jahr ziehen am 24. Juni die Bauern aus der Provence nach Uzès in der Nähe von Avignon in Südfrankreich. Dort läuft der Knoblauchmarkt ab; die Knoblauchknollen und -zehen wechseln stück- bis zentnerweise zu Spottpreisen ihren Besitzer.

Je reifer der Knoblauch ist, desto würziger sind sein Aroma und sein scharfer Geschmack. Mit Nelken, Kümmel oder Petersilie läßt sich der intensive Geruch leicht mildern.

Zum Dörren zerlegt man die Knoblauchzwiebel in die einzelnen Zehen und entfernt von diesen die Haut. Dann schneidet man die Zehen in kleine Streifchen, die locker auf das Trockensieb verteilt werden. Den getrockneten Knoblauch kann man fein zermahlen und mit Meersalz zu Knoblauchsalz vermischen, wie bei Zwiebelsalz beschrieben.

Knoblauchweißbrot

1 Stangen-Weißbrot
2 Eßlöffel eingeweichte Knochlauchstückchen
50 g Butter
1 Prise Salz

Das Weißbrot in Abständen von 4 cm schräg einschneiden, so daß das Brot am Boden aber noch zusammenhält. Die Butter mit dem eingeweichten Knoblauch und dem Salz verrühren und gleichmäßig in die Einschnitte streichen. Das Weißbrot nun fest in Aluminiumfolie einschlagen und 15 Minuten im heißen Backrohr bei 200 °C backen. Dann auseinanderbrechen und noch heiß servieren.

Paprika

Paprika besitzen neben Karotin und Vitaminen der B-Gruppe einen außerordentlich hohen Anteil an Vitamin C. Frische Paprika bekommt man im August günstig auf dem Markt zu kaufen; sie sind in verschiedenen Fruchtformen und -farben im Handel. In Ungarn werden die erntereifen Früchte in langen Girlanden aufgefädelt an den Hauswänden der Bauernhöfe getrocknet. Später mahlt man die geschrumpften Paprikaschoten in Mühlen zu Pulver und füllt sie in Päckchen für den Verkauf ab.

Paprika ist Gemüse und Gewürz zugleich, und man unterscheidet vom Geschmack her verschiedene Schärfegrade. Getrocknete kleine Paprikaschnitze ergeben ein gutes Suppengemüse für die kalte Jahreszeit.

Sie lassen sich sehr einfach dörren und bleiben auch im getrockneten Zustand noch leicht biegsam und »gummiartig«.

Tomaten

In der reifen Tomate findet man reichlich Vitamine, verschiedene organische Säuren und Geschmacksstoffe. Leider ist aber auch der Wasseranteil einer reifen Tomate ziemlich hoch, so daß zum Dörren möglichst feste, ausgereifte Früchte mit einem guten Anteil an Trockensubstanz heranzuziehen sind (Fleischtomaten).

Zum Trocknen bietet sich an, die Tomate zu halbieren oder zu vierteln und sie mit der Haut nach unten auf das Trockensieb zu legen. So bleiben Nährstoffe und Geschmack voll erhalten. Etwas weichere, besonders große Tomaten wird man noch in kleinere Keile als Viertel schneiden und auf alle Fälle für rasche Trocknung bei etwa 70 °C sorgen.

An eine Lagerung kann man denken, sobald die gedörrte Frucht zäh und lederartig ist oder man trocknet die Schnitze weiter, bis sie hart und brüchig werden. Zerkrümelt man nun das Dörrgut, so hat man eine ideale Brühenwürze zur Verfügung.

Feste Tomaten lassen sich auch in halbzentimeterdünne Scheibchen schneiden, die anschließend auf Butterbrotpapier zum Dörren ausgelegt werden.

Tomatenschnitze eigenen sich für Suppen und zum Braten und Schmoren mit Fleisch.

Tomatensuppe mit Sesam

1/3Tasse Sesam
1/2 Tasse Reis
1/2 Tasse Wasser oder Brühe
1 Eßlöffel getrocknete, eingeweichte Karotten
1 Eßlöffel getrockneter, eingeweichter Sellerie
1 Tasse eingeweichte Tomaten
2 Eßlöffel Sahne
Salz, Oregano
1 Eßlöffel Öl
1 Knobchlauchzehe

Knoblauch zerdrücken und leicht in Öl anbraten, dann den Reis mit den Sesamsamen darangeben und anrösten. Wasser dazugeben, kurz aufkochen und anschließend 10 Minuten bei kleiner Hitze köcheln lassen.

Das eingeweichte Trockengemüse im Mixer fein pürieren und zur Suppe geben. Umrühren und weiter köcheln lassen. Die Sahne in die Suppe einrühren. Nicht mehr aufkochen lassen.

Mit Salz und Oregano abschmecken und servieren.

Blumenkohl

Vom Frühjahr bis in den November hinein ist Blumenkohl auf den Märkten zu erhalten. Deshalb empfiehlt sich das Trocknen nur bei einer großen Ernte aus dem eigenen Garten oder für einen Vorrat von gemischtem Suppengemüse. Man zerlegt den Blumenkohl in möglichst gleichgroße Röschen, die nach sechs Stunden gedörrt sind.

Blumenkohl in Käsesauce

3 Tassen getrocknete Blumenkohlröschen
1/2 Tasse Trockenpilze
2 Teelöffel Butter
1 Eßlöffel Mehl
1/2 Tasse Milch
1/2 Teelöffel Salz
1/2 Tasse geriebener Käse

Den eingeweichten, abgetropften Blumenkohl kurz in Wasser weichkochen. Daneben Butter in eine heiße Pfanne geben, das Mehl fein einrühren. Bei mittlerer Hitze unter Umrühren die Milch dazugießen und weiterrühren, bis die Sauce kurz aufkocht und eindickt. Käse und Salz zufügen und rühren, bis der Käse geschmolzen ist.

Inzwischen die eingeweichten und abgetropften Dörrpilze in einer gebutterten Pfanne andünsten und zur Käsesauce geben. Die gekochten Blumenkohlröschen anrichten und mit der schmackhaften Sauce übergießen.

Bohnen

Dieses vielseitige Nahrungsmittel läßt sich mit verschiedenen Küchenkräutern wie beispielsweise Dill oder Bohnenkraut, als Bohnensalat, Gemüseeintopf, Beilage usw. verwenden. Getrocknete Bohnenkerne sind vor allem in Eintöpfen gut geeignet.

Zum Trocknen von frischen, grünen Bohnen bieten sich verschiedene Möglichkeiten an. Man kann sie in ca. 2 cm lange Stückchen schneiden, wobei man auf schräge Schnittflächen achtet. Auf diese Weise verkürzt man sowohl die Dörr- als auch später die Quellzeiten. Natürlich kann man auch die Bohnenschoten als Ganze auf eine Schnur aufgereiht oder locker ausgelegt lufttrocknen.

Brotaufstrich

1 Tasse Dörrbohnen,
eingeweicht und weichgekocht
1/2 Tasse geriebenen Emmentaler
1 Teelöffel Oregano
1/2 Teelöffel Knoblauchsalz
1 Eßlöffel Naturjoghurt

Die weichgekochten Bohnen passieren und mit dem Emmentaler Käse verrühren. Nach Bedarf würzen und die Masse zu einer streichfähigen Paste verrühren. Gegebenenfalls noch Käse und Joghurt dazugeben.

Das Bild zeigt links verschiedene Paprikasorten, unten Bohnen, rechts Tomaten – alles Gemüse, bei denen es sich lohnt, günstige Marktangebote zu nutzen.

Dieser Aufstrich schmeckt auf einer Scheibe frischem Vollkornbrot besonders würzig.

Gemüse-Eintopf

50 g Reis
50 g Trockenmöhren
10 g Trockenzwiebel
20 g Trockensellerie
1 Würfel Brühe
3 Dosentomaten
1 Teelöffel Salz
1 Messerspitze schwarzer Pfeffer
etwas Kümmel
1 l Wasser, heiß
3 Eßlöffel Rahm

Das Trockengemüse am Vorabend mit heißem Wasser übergießen und über Nacht quellen lassen. Dann gibt man die restlichen Zutaten dazu und bringt alles zum Kochen. Etwa 40 Minuten köcheln lassen und vor dem Servieren noch 4 Eßlöffel Rahm darangeben.

Pilze

Trotz ihres extrem hohen Wassergehaltes von 90 bis 95% eignen sich Pilze hervorragend zum Trocknen. Das Aroma bleibt dabei weitgehend erhalten, was Trockenpilze vor allem zu einer hervorragenden Würze für Suppen und Saucen macht.

Alle Pilzarten eignen sich zum Trocknen. Ganz besonders aromatisch und damit vorzüglich geeignet sind Morcheln, Steinpilze und Rotkappen. Wichtig ist nur, daß man bereits beim Sammeln im Wald wurmige oder überalterte Pilze aussortiert oder schlechte Stellen wegschneidet.

Zunehmendes Interesse findet auch die Pilzkultur im eigenen Garten oder sogar im Keller. Pilzmyzele für die Anzucht werden vermehrt im Handel angeboten und da bei dieser Form der Pilzkultur häufig wesentlich größere Mengen heranwachsen, als im Augenblick frisch verbraucht werden können, ist das Dörren eine ausgezeichnete Methode der Vorratshaltung.

Pilze sollten vor dem Trocknen möglichst nicht gewaschen werden, weil sie dabei einen Teil ihres Aromas verlieren und zusätzlich zu ihrem hohen Wassergehalt von 90–95% weiteres Wasser aufsaugen, wodurch sich die Dörrzeiten zusätzlich verlängern.

Getrocknete Pilze sind eine Kostbarkeit, von der man gar nicht genug haben kann.

Es ist besonders wichtig, die Pilze gründlich mit dem Messer zu putzen. Man entfernt alles Unbrauchbare sorgfältig: dazu gehören zähe Stellen, Druckstellen, madische Bereiche, alte Röhren und Lamellen.

Pilze, die nicht mehr schnittfest sind, gehören weder auf das Trockensieb noch in die Pfanne. Sie beeinflussen später den Geschmack des Pilzgerichtes. Die geputzten Pilze schneidet man in kleine Scheibchen.

Je dünner die Scheibchen sind, desto rascher trocknen sie. Das geht in praller Sonne, aber natürlich, etwas länger, in einem ständigen, leichten Luftzug. Ideal trocknen Pilze im elektrischen Dörrgerät, bei 45–50 °C, wo sie in zwei bis vier Stunden bereits fertig zum Verpacken sind.

Trockene Pilze sind zäh bis hart (Pfifferlinge, Habichtspilze). Trocknet man sie weiter, so krümeln sie, was man bei der Herstellung von Pilzpulver nutzt.

Selbstverständlich lassen sich Pilzscheibchen auch auf Fäden aufziehen und aufgehängt trocknen. Sie werden dann im Backrohr kurz nachgetrocknet.

Zur Aufbewahrung eignen sich am besten gut verschließbare Glasbehälter wie Marmeladengläser mit Schraubdeckel oder Einweckgläser mit Gummiring und Klammerverschluß. Auch braune, fest verschlossene Papiertüten eignen sind.

Es ist zweckmäßig, seinen Pilzvorrat von Zeit zu Zeit auf Insektenbefall zu überprüfen; kleinere Maden können unbemerkt geblieben sein. In jedem Falle aber sollte man seine Dörrpilze während des Winterhalbjahrs verbrauchen.

Ganz gleich, ob die Pilze in Suppen mitgekocht werden, gedämpft z. B. un-

So fein geschnitten und säuberlich geputzt müssen Pilzscheiben zum Trocknen ausgelegt werden.

ter Reis gemischt oder zu kurzgebratenem Fleisch gereicht werden sollen – sie müssen in jedem Fall vor der Verwendung in wenig lauwarmem Wasser eingeweicht werden. Je nach Größe und Stärke der Scheiben brauchen die Pilze ein bis vier Stunden, um in lauwarmem Wasser weich zu werden und Volumen anzunehmen. Das Einweichwasser sollte man niemals wegschütten, denn wertvolle Aromastoffe gehen beim Weichen in das Wasser über. Man läßt die Pilze in einem Sieb abtropfen und gießt das Wasser durch ein Filterpapier oder durch ein feines Tuch, damit Sand und andere Rückstände zurückgehalten werden. Das Wasser gibt man dann mit den Pilzen in die Suppe oder Sauce. Werden die Pilze in Butter gedünstet, wird das Wasser anschließend über die Pilze gegeben und in der offenen Pfanne nach Bedarf reduziert.

Pilzgerichte sind nicht gerade leicht verdaulich, bei ihrer Zubereitung muß man daher einiges beachten: Zugabe von Knoblauch macht das Gericht bekömmlicher. Für Suppen zieht man Champignons, Täublinge und Steinpilze vor; für Saucen verwendet man Champignons, Maronen und Pfifferlinge. Als Zutaten für Rühreier schmeckt besonders die Rotkappe oder der Birkenpilz. Alle diese Arten kann man in unseren Wäldern im Spätsommer mühelos finden.

Pilzpulver

Die Herstellung von Pilzpulver zumindest auf einem Teil der Ernte bietet besondere Vorteile.
- Bessere Verdaulichkeit und damit größere Nutzung enthaltener Nährstoffe.
- alle eßbaren Pilze lassen sich dafür verwenden,
- die Aromastoffe werden im Pulver am besten frei,
- es läßt sich einfacher verwenden als Dörrpilze, denn es braucht nicht eingeweicht zu werden.

Das Pulver stellt man am besten gleich nach dem Trocknen aus den rascheldürren Scheibchen und Stückchen her. Man kann die Pilze mit einer geruchsfrei gesäuberten Kaffeemühle vermahlen, oder auch mit dem Nudelholz, wobei die Pilze zwischen zwei Bogen Packpapier gelegt werden. Besonders fein werden sie in einem Keramikmörser verrieben. Als ideale Lager- und Weiterverarbeitungsform empfiehlt sich grießartige Körnung, weil sie nicht so fein ist, daß sie verklumpen könnte. Die Gefahr des Milbenbefalls kann man größtenteils abwenden, indem man die Pilze beim Trocknen zuletzt kurze Zeit höheren Temperaturen aussetzt.

Verwendung von Trockenpilzen

Reis mit Pilzen

1 Tasse Naturreis
2 Tassen Fleischbrühe
30 g Trockenpilze
3 Schalotten
Öl oder Butter

Die Pilze in einer Tasse lauwarmem Wasser einweichen. Die abgetropften Pilze und die gehackten Schalotten in Fett andünsten und dann den Reis kurz mitdünsten und mit Pilzwasser und der Fleischbrühe aufgießen, umrühren und ca. 20 bis 30 Minuten zugedeckt köcheln lassen. Dabei gelegentlich umrühren und wenn nötig, etwas Flüssigkeit nachgießen. Nach Geschmack würzen.

Eiergericht mit Pilzen

2 Eier
2 Teelöffel Butter
1/2 Tasse Pilze
1 kleine Zwiebel, feingehackt
Zwiebelsalz

Pilze in wenig Wasser einweichen. Die Butter in einer Bratpfanne zerlaufen lassen und die abgetropften Pilze mit der Zwiebel andünsten. Die Eier mit dem Einweichwasser und den Gewürzen verquirlen, in die Pfanne geben und die Pilze locker unterheben, bis die Eier stocken.

Pilzbrühe

50 g Trockenpilze
1 Zwiebel
1 kleine Stange Lauch
1 Petersilienwurzel
1/4 Sellerieknolle
1/4 Kohlrabi
1 Karotte
Salz, Pfeffer

Die eingeweichten, abgetropften Pilze und die feingeschnittenen Gemüse in wenig Butter andünsten. Pilzwasser auf 3/4 l ergänzen und mit dem gefilterten Einweichwasser die Gemüse damit aufgießen. Mit Salz und Pfeffer würzen und ca. 30 Minuten kochen. Die Brühe eignet sich als Basis für Suppen und Saucen.

Rinderroulade mit Pilzen

100 g Dörrpilze
1 Teelöffel Senf
4 Scheiben Rouladen
30 g Speck
2 Zwiebeln
50 g Schmalz
2 Eßlöffel Mehl
1 Eßlöffel Tomatenketchup
1/2 l Brühe
Salz, Pfeffer

Die Pilze in der lauwarmen Brühe einweichen. Die Fleischscheiben klopfen und außen mit Salz und Pfeffer einreiben. Die abgetropften Pilze mit einer feingehackten Zwiebel und Speck kurz andünsten und würzen. Die Rouladen innen mit Senf bestreichen und die Pilze darauf verteilen. Fleisch zusammenrollen und mit Spießchen zusammenhalten. In heißem Öl unter mehrmaligem Wenden gleichmäßig anbraten. Die zweite Zwiebel in Ringe schneiden und zugeben, mit Mehl überstäuben und bräunen lassen. Nun mit der Brühe auffüllen und zugedeckt 40 Minuten schmoren lassen. Die Sauce zuletzt mit Salz, Pfeffer und Ketchup abschmecken.

Als Beilage kocht man Nudeln und gibt sie zu der Sauce. Nach Belieben mit Käse bestreuen.

Steinpilzgericht

2 Tassen getrocknete Steinpilze
1 Eßlöffel Butter oder Margarine
1 Tasse Fleischbrühe
Salz, Pfeffer
1 Handvoll frische Kräuter nach Wahl
etwas saurer Rahm

Die Pilze einweichen. Die Butter inzwischen zergehen lassen. Die Fleischbrühe hinzufügen und die Pilze unter Umrühren dazugeben. Ca. 25–30 Minuten auf kleiner Flamme zugedeckt dünsten lassen. Mit Salz, Pfeffer und den Kräutern abschmecken und am Schluß etwas sauren Rahm unterrühren. Dieses Gericht schmeckt gut zu Kartoffeln oder verschiedenen Fleischgerichten. Eine wunderbare Sache besonders mitten im Winter.

Pilze mit Schwarzwurzeln

2 Tassen getrocknete Pilze nach Wahl
300 g Schwarzwurzeln
1 Teelöffel Zitronensaft
1 Handvoll gehackte Petersilie
einige Butterflöckchen
etwas Öl
3 Eßlöffel geriebener Käse
1 Handvoll Semmelbrösel
Pfeffer, Knoblauchpulver und Salz

Die Pilze in Wasser einweichen, die Schwarzwurzel säubern und in ca. 4 cm lange Stückchen schneiden. In wenig Wasser mit Zitronensaft zusammen mit den Pilzen weich dämpfen.

Eine Auflaufform mit etwas Öl auspinseln und mit Pilzen und Schwarzwurzeln füllen. Salz, Pfeffer und Knoblauchpulver unter das Gemüse mischen. Alles mit geriebenem Käse

Pilzsammler werden bevorzugt Mischungen von Pilzen trocknen.

bestreuen und im vorgeheizten Ofen ca. 10 Minuten überbacken. In den letzten 5 Minuten Semmelbrösel über den Käse streuen und mit Kräutern bestreut servieren.

Böhmische Pilzsuppe

25 g gedörrte Mischpilze
400 g Kartoffeln
1 große Zwiebel
50 g Butter
1 l Wasser
40 g Mehl
Knoblauch, Kümmel, Majoran, Salz
Pfeffer und Petersilie

Pilze einweichen. Kartoffeln schälen und in Würfel schneiden. Zwiebel fein schneiden. Die abgetropften Pilze mit Zwiebel und Knoblauch in der Butter andünsten, mit Mehl bestäuben und mit Wasser (einschließlich Einweichwasser der Pilze) ablöschen. Die Kartoffeln und Gewürze zugeben und kochen, bis die Kartoffeln weich sind. Mit Salz und Pfeffer abschmecken und zuletzt die Petersilie zugeben.

Pilzaufstrich

1 Tasse getrocknete Mischpilze
1 Zwiebel
2 Eßlöffel Dörrtomaten
Tomatenmark
Öl, Salz, Pfeffer

Die eingeweichten, abgetropften Pilze zusammen mit der fein geschnittenen Zwiebel in Öl andünsten. Die eingeweichten Tomaten mit einem Teelöffel Tomatenmark beigeben, Pilzwasser zugeben und alles unter Rühren dünsten, bis die Flüssigkeit verdampft ist. Würzen und auf frisch geröstete Weißbrotscheiben streichen.

Gewürz- und Teekräuter

Für Kräuter (Garten- und Wildkräuter) ist das Trocknen die übliche Methode der Konservierung. Am besten sammelt man sie bei schönem, trockenem Wetter, wenn sie saftig und aromatisch sind. Je gezielter man die Pflanzen bereits beim Sammeln auswählt, desto weniger Arbeit bleibt dann zu Hause zu tun, denn Fremdpflanzen und trockene Teile brauchen dann nicht mehr aussortiert zu werden.

Bei den Kräutern richtet sich der optimale Erntezeitpunkt nach dem verwendbaren Pflanzenteil: kurz vor der Blütezeit sind Wirkstoffgehalt und Aroma der meisten Kräuter am höchsten. Blätter sollte man in den Morgenstunden sammeln, Blüten in der Vollreife und Wurzeln schließlich im Herbst nach Abschluß des Wachstums. Man sollte immer nur einen Jahresbedarf an Kräutern sammeln und dörren und später lieber für neuen Nachschub sorgen, da das Aroma sich im Laufe der Lagerung verflüchtigt.

Wurzeln reinigt man vor dem Trocknen sorgfältig, befreit sie von Schmutz und schlechten Stellen und schneidet sie dann in kleine Stückchen, damit sich die Trockenzeiten verringern. Sie werden wie Gemüse getrocknet.

Kräuter an Stielen können gebündelt luftig zum Trocknen aufgehängt und nach dem Trocknen von den Stielen gestreift werden. Sie können aber auch auf die bereits beschriebene Weise in Trockensieben getrocknet werden, dabei ist darauf zu achten, daß die Temperaturen nicht zu hoch sind. 35 °C genügen, da sonst zu viele Inhaltsstoffe verlorengehen. Deshalb sollte man Kräuter beim Dörren auch keinesfalls dem Sonnenlicht aussetzen.

Kräuter sind fertig getrocknet, wenn sie hart und bröselig sind. Aus Kräutern und aromatischen Gemüsen lassen sich ausgezeichnete Würzpulver herstellen. Nach besonders guter Trocknung werden Mischungen ganz nach eigenem Geschmack zusammengestellt, im Mörser zerrieben und in gut verschließbaren Gläschen oder Dosen aufbewahrt.

Getrocknete Kräuter sind in der Küche unverzichtbar, als Gewürz oder für Tee.

Petersilie

Die Petersilie ist sicher das bekannteste Küchenkraut. Schon etwa 1 Eßlöffel Petersilie deckt den täglichen Bedarf eines Menschen an Vitamin C. Petersilie sollte nie mitgekocht werden, sondern erst zuletzt vor dem Servieren zugeführt werden.

Wer keine Möglichkeit hat, frische Petersilie über den Winter in Blumentöpfen oder Fensterkästen zu ziehen, oder einen großen Überschuß im Garten hat, der kann sie trocknen. Glatte Petersilie ist meist aromatischer und deshalb zum Trocknen besser geeignet als Kräuselpetersilie. Man entfernt die Stiele und legt die Blätter locker zum

Trocknen aus. Getrocknet ist sie beliebig klein zu zerkrümeln oder im Mörser fein zu pulverisieren.

In luftdichten Behältern wird sie aufbewahrt. Da Petersilie gerne von Blattläusen oder Milben befallen wird, sollte man bei der Ernte kontrollieren, ob die Blätter einwandfrei sind.

Basilikum

Basilikum, auch als Königskraut bekannt, ist eine einjährige Gewürzpflanze, die in letzter Zeit zunehmend an Beliebtheit gewonnen hat. Damit es sein volles Aroma entwickeln kann, benötigt es viel Sonne und Wärme. Zum Dörren erntet man kurz vor der Blüte, indem man das Kraut eine Handbreit über dem Boden abschneidet. Dann bündelt man es und hängt es an einem luftigen, schattigen Platz zum Trocknen auf. Getrocknet werden die Blätter von den Stielen gestreift. In der Küche wird Basilikum für Rohkostschalen, Salate und Saucen, vor allem in Verbindung mit Tomaten, aber auch für Fleischspeisen, Eintöpfe und Gerichte der italienischen Küche verwendet.

Basilikumkartoffeln

1 kg gleichmäßige, möglichst kleine Salatkartoffeln
50 g Butter
1 Eßlöffel getrocknetes Basilikum
Salz

Die Kartoffeln mit der Schale in Salzwasser kochen, schälen und dann heiß in zerlassener Butter und Basilikum schwenken und sparsam salzen.

Bohnenkraut

In manchen Gegenden nennt man es auch Pfefferkraut, weil es scharf und pfefferartig schmeckt. Wegen seines intensiven Aromas sollte man Bohnenkraut sparsam verwenden. Am besten paßt es zu grünen Bohnen, Bohnenkernen und anderen Hülsenfrüchten, wie Linsen und Erbsen. Es paßt aber auch gut zu Sauerkraut, Pilzen und Kartoffelpuffern.

Bohnenkraut schneidet man kurz vor der Blüte, denn dann ist die Würzkraft am stärksten. Die grünen Zweige werden gebündelt und aufgehängt und getrocknet. Die trockenen Bündel kann man in Plastiksäcken aufbewahren und bei Bedarf einzelne Zweige abbrechen und im Ganzen mitkochen. Die Stiele werden dann nach der Kochzeit entfernt. Man kann aber auch die feinen Blättchen abstreifen und in Gläsern aufbewahren

Salbei

Salbei ist eine ausdauernde, fast unempfindliche Staude, deren Blätter frisch das zarteste Aroma haben und zu Fleischgerichten verwendet werden. Getrocknet schmeckt Salbei sehr intensiv und leicht bitter. Man erntet die Blätter und jungen Triebe vor der Blüte. Bekannt ist Salbei auch zur Behandlung von Rachen- und Halsentzündungen; man gurgelt dann mit Salbeitee. Dafür können die Blätter ungeschnitten getrocknet werden.

Salbeiauszüge regulieren die Talgproduktion der Haut und beleben die Haardrüsen der Kopfhaut. Man sollte Salbei allerdings nur bei dunklerem Haar anwenden, da er Farbe abgibt.

Zum Trocknen schneidet man ihn am besten in feinen Streifen, vor allem, wenn er als Gewürz verwendet werden soll.

Hackfleisch-, Leber- oder Eintopfgerichte erhalten durch Salbei einen herben Akzent.

Pfefferminze

Pfefferminze, auch nur einfache Minze genannt, ist vor allem als Tee bekannt. Die Blätter riechen stark aromatisch und schmecken angenehm würzig, zuerst eher wärmend und dann kühlend. Dieser Effekt beruht auf dem hohen Gehalt an ätherischen Ölen, vor allem Menthol.

Zum Trocknen bündelt man das Kraut und streift danach die Blätter ab, die man gut verschlossen aufbewahrt, damit das Aroma erhalten bleibt. Der Tee hilft gegen Appetitlosigkeit und Verdauungsstörungen, regt die Gallensekretion an und beruhigt das Nervensystem. Pfefferminztee ist vor allem ein ausgezeichneter Durstlöscher, der auch kalt mit Zitrone und etwas Honig oder Zucker gut schmeckt.

Etwas weniger bekannt ist die Minze als Gewürzkraut zum Verfeinern von Salaten oder Saucen. Berühmt ist die englische Mint-Sauce, zu Hammel- oder Kalbfleisch in England unerläßlich.

Mintsauce

5 Eßlöffel getrocknete Pfefferminzblätter
1 Tasse Weißweinessig oder Sherryessig
1/2 Tasse Wasser
3 Eßlöffel Zucker

Minzeblätter fein zerkrümeln, Wasser mit Essig und Zucker aufkochen und über die Minze gießen. Durchziehen lassen und sofort zu Lammfleisch verwenden oder abgefüllt in eine kleine Flasche verschlossen aufbewahren. Wenn kein Sherryessig vorrätig ist, kann man zum Weinessig ein kleines Glas Sherry geben. Mintsauce ist in England zu Lammfleisch unverzichtbar.

Kräutermischungen

Viele andere Küchenkräuter, wie Rosmarin, Thymian, Liebstöckel, Dill, Estragon, Kerbel werden auf die gleiche Weise getrocknet und bereichern, in kleine Gläser gefüllt, das Gewürzregal in der Küche und den Geschmack von Gemüse- und Fleischgerichten.

Aus Kräutermischungen lassen sich ausgezeichnete Salatsaucen zubereiten. Im Gegensatz zu gekochten Speisen, in die die Kräuter einfach trocken eingestreut werden, sollten Kräuter für Salate zunächst mit einem Löffel Wasser und dem nötigen Essig oder Zitrone angerührt werden, und ein paar Minuten ziehen, bevor man das Öl zugibt. Sie entfalten so ihr Aroma besser und werden grün und weich.

Kräuterquark

250 g Magerquark wird mit einem Stück Sahnefrischkäse gut verrührt. Sodann gibt man etwas roten Paprika daran. Nun stellt man aus folgenden

Zutaten eine feine Kräutermischung her: Petersilie, Kümmel, Schnittlauch und Thymian. Die Kräuter werden in 2 Eßlöffel Milch gerührt und 30 Minuten stehengelassen.

Zuletzt verrührt man sie mit dem Quark und der würzige Brotaufstrich ist fertig. Auch beliebige weitere Kräutermischungen sind möglich. Mit Sauerrahm oder Joghurt verrührt, ergibt Kräuterquark eine gute Beilage zu neuen, frisch gekochten Kartoffeln.

Kräuterbutter

100 g Butter schaumig rühren. 2 Eßlöffel fein zerkleinerte Kräuter, wie Bohnenkraut, Dill, Petersilie, Majoran, Salbei mit einem Teelöffel Zitronensaft anfeuchten und mit Zwiebelsalz, Pfeffer, nach Geschmack auch Knoblauchsalz, gut verrühren.

Bei Kartoffelgerichten und Fleischspeisen setzt ein Stückchen Kräuterbutter den richtigen Akzent.

Kamille

Diese alte und bekannte Heilpflanze wächst in ganz Europa, meist an Wegrändern oder auf trockenen Halden. Man erkennt sie leicht an ihren weißen Strahlenblüten und dem intensiven, aromatischen Duft. Man sammelt nur die Blütenköpfchen, wenn die Blütenblätter leicht nach unten geneigt sind. Dann nämlich ist der Gehalt an ätherischen Ölen am höchsten. An einem luftigen, dunklen Platz werden sie, auf Trockensiebe ausgebreitet, rasch getrocknet.

Die Kamille wirkt entzündungshemmend und heilend. Aufgüsse werden zum Gurgeln, für Umschläge und Augenbäder, als Tee und für Dampfbäder verwendet. Bei natürlich blonden Haaren als Aufguß verwendet, bewirkt die Kamille eine sanfte Aufhellung. Kamille beruhigt die Kopfhaut, reinigt fettiges und schuppiges Haar.

Thymian, Petersilie, Rosmarin, Dill – getrocknet sind Kräuter schnell zur Hand und die meisten bewahren auch getrocknet ihr vorzügliches Aroma.

Johanniskraut

Die Pflanze wächst auf trockenen, sonnigen Hügeln und an Feldrainen und Waldrändern. Gesammelt werden die Blüten und Blätter, indem man 20 bis 30 cm lange Blütenbüschel schneidet. Sie werden in Bündeln an einem luftigen Ort zum Trocknen aufgehängt. Wegen des lichtempfindlichen Farbstoffes der Blüten muß man gedörrtes Johanniskraut möglichst in dunklen Gläsern aufbewahren.

Tee aus Johanniskraut wirkt günstig bei Nierenleiden und Brustverschleimungen.

Setzt man die Blüten zwei Wochen lang an einer warmen Stelle mit Olivenöl an, so geht der rote Pflanzensaft ins Öl über. Mit diesem Hausmittel kann man durch äußerliches Einmassieren Schwellungen, Hexenschuß und Muskelverspannungen zum Abklingen bringen. Auch bei Verdauungs- und Leberbeschwerden sowie bei unruhigem Schlaf hat sich dieses Naturheilmittel bewährt.

Zinnkraut (Ackerschachtelhalm)

Der Ackerschachtelhalm wächst mit Vorliebe in Sümpfen, Gräben und auf feuchten Wiesen und Äckern. Gesammelt wird das ganze Kraut. Dann bündelt man die Pflanzen und trocknet auf einer Schnur an einem luftigen, schattigen Platz.

Im Volksmund auch Katzenwedel genannt, besitzt das Zinnkraut große Heilkraft bei Blutungen, Nieren- und Blasenbeschwerden. Zur Anwendung kommt es meist in Form von Tee, als Fußbad bei entzündeten Füßen und als Dampfbad eines Zinnkrautabsuds bei Blasenkrämpfen. Der hohe Kieselsäureanteil der Pflanze soll auf die Festigung der Haut besonderen Einfluß haben. Für samtige Haut werden 20 g Blätter mehrere Stunden in kaltem Wasser eingeweicht, dann 10 Minuten aufgekocht. Der Absud wird mit Kompressen auf das Gesicht aufgetragen.

Brennessel

Die Brennessel ist eine der heilkräftigsten Pflanzen, die man kennt.

Als Tee wirkt sie blutreinigend, harntreibend und baut Verschleimungen der Lunge und Atmungsorgane ab. Auch bei Magen- und Darmerkrankungen leistet sie gute Dienste, der Tee darf aber nicht gekocht, sondern nur abgebrüht werden, damit die Wirkstoffe erhalten bleiben.

Ein sehr gutes Haarmittel läßt sich so herstellen: Die getrockneten Wurzeln einen Tag mit Wasser kalt stellen, kurz aufkochen und ziehen lassen. Den Sud mit Brennesseltee mischen, abseihen und alles kalt stellen. Damit dann regelmäßig Kopfhaut und Haare nach dem Waschen spülen.

Die Pflanze sammelt man zum Trocknen im Frühsommer. Dazu zupft man die Blätter ab und läßt sie auf dem Trockensieb dörren. Leicht zerkrümelt, lassen sie sich dann gut in Gläsern aufbewahren.

Löwenzahn

Die gute alte Pusteblume wächst überall dort, wo es Gras gibt: Auf Wiesen, Schuttplätzen und Bahndämmen. Löwenzahn enthält Bitterstoffe, die galle- und harntreibend wirken. Um Frühlingssalate zu verfeinern, nimmt man am besten die zarten, jungen Blätter, noch bevor die Pflanze blüht. Nach dem Waschen zerkleinert man sie und mengt sie unter die Salatsauce. Zuletzt streut man noch einen Teelöffel feingehackten Schnittlauch darüber.

Zum Trocknen eignen sich die Blüten und die Blätter.

Man sammelt und trocknet die Pflanze in den Frühsommermonaten, in denen sie ihren höchsten Wirkstoffgehalt aufweist. Aus den getrockneten Blättern läßt sich ein Tee zubereiten. Aus der getrockneten, zerkleinerten und gerösteten Wurzel kann man ein Kaffeesurrogat ohne die Belastungsstoffe des Koffeins herstellen und ein Aufguß eignet sich gut für Haarspülungen gegen Schuppen.

Löwenzahnhonig

Aus den getrockneten Blüten läßt sich ähnlich wie aus Fichtentrieben eine Art Honig herstellen. Dazu legt man einige Handvoll Blüten in einen Topf, bedeckt sie mit Wasser und läßt sie 8 Stunden weichen. Anschließend kocht man den Blütenbrei etwa 45 Minuten und läßt ihn dann stehen. Der reine Saft ohne die Blüten wird dann mit derselben Menge braunem Zucker gekocht, bis die Masse zäh andickt.

Spitzwegerich

Wegerich wächst fast überall an Wegen und auf Wiesen; vom Frühsommer bis in den Herbst hinein ist er zu finden. Er ist ein uraltes Heil- und Wundmittel. Seine mildernde Wirkung auf Wunden und Ausschläge beruht auf den ähtherischen Ölen und seinem Vitamingehalt.

Man sammelt die Blätter ab April, trocknet sie rasch, um Wirkstoffverlust zu unterbinden und verfügt so über ein vorzügliches Hausmittel zur Blutreinigung und Schleimlösung bei erkrankten Atmungsorganen.

Äußerlich läßt sich der Spitzwegerich bei schlecht heilenden Wunden in Form von Umschlägen anwenden.

Hustenteemischung

10 g Spitzwegerichblätter
20 g Huflattichblätter
10 g Königskerzenblüten
10 g Andornkraut

Die Kräuter mit kochendem Wasser überbrühen und einige Minuten ziehen lassen.

Tee aus Gänseblümchen ist ein altes Hausmittel. Man sammelt die Blütenköpfchen von April bis Herbst und trocknet sie im Schatten.

Rheumatee

10 g Pfefferminzblätter
20 g Löwenzahnwurzel
10 g Brennesselkraut
10 g Hagebuttenschalen
10 g Birkenblätter

Gänseblümchen

Junge Blüten und Blätter, allerdings nur frisch, eignen sich als Salat. Ein Tee aus der getrockneten Pflanze hilft bei Atembeschwerden und Blasenleiden.

Mistel

Die Mistel ist ein immergrüner Schmarotzerstrauch, der auf Bäumen lebt und im März–April gelbgrün blüht. Im Spätherbst sammelt man die zarten Zweige und Blätter und schneidet sie zum Trocknen klein. Die Mistel beeinflußt den Drüsenhaushalt und war schon in früherer Zeit als krampflösendes Mittel bei Epilepsie bekannt. Sie normalisiert und stabilisiert Kreislauf und Blutdruck. Misteltee wird kalt angesetzt und über Nacht stehengelassen.

Dann wärmt man ihn auf und seiht ihn ab. Brühen oder Kochen vernichtet die Heilkräfte der Mistel!

Schafgarbe

Diese Pflanze enthält sehr viele wirkungsvolle Inhaltsstoffe. Sie wird bis zu 60 cm hoch und ist leicht an ihren weißrosa Blütendolden zu erkennen. Blüten und Blätter werden abgezupft und getrocknet. Diese Heilpflanze behebt die Appetitlosigkeit, wirkt entzündungshemmend und hilft bei Stuhlverstopfung und Blähungen.

Ehrenpreis

Man sammelt nur die blauen Blüten im Sommer. Ehrenpreis eignet sich gut als Brusttee und beruhigt die Nerven, wenn man abgespannt ist. Für einen wirksamen Beruhigungstee kann man sich eine Mischung aus Baldrianwurzel, Ehrenpreis, Johanniskraut und Melisse herstellen.

Körner, Kerne, Nüsse

Getreide, Sonnenblumen- und Kürbiskerne, Leinsamen, Haselnüsse, Walnüsse – sie alle und noch mehr gehören in dieses Kapitel, wenngleich sie auch botanisch betrachtet nicht mehr gemeinsam haben, als Samen zu sein. Gemeinsam ist ihnen allen auch der hohe Eiweiß- und Fettgehalt (man bezeichnet sie daher auch manchmal als Vegetarierfleisch). Nüsse und Kerne sind also außerordentlich nahrhaft und energiespendend und schmecken zudem gut. Meist werden sie naturbelassen verwendet, also weder übermäßig gesalzen, noch sonstwie aufbereitet. Gemischt mit Dörrobst ergeben sie feine Knabbereien. Aus vielen Samen und Nußarten lassen sich durch Pressen (kalt oder warm) oder Extrahieren Pflanzenöle gewinnen, die zum Kochen, Braten und Backen Verwendung finden. Dabei gilt die Qualitätsregel; je niedriger der Erstarrungspunkt des Öls, desto hochwertiger das Produkt. Samen und Nüsse lassen sich leicht trocknen. Wegen des erheblichen Fettgehaltes kann man sie allerdings nicht ewig aufbewahren, da sie bei zu langer Lagerzeit leicht ranzig werden können.

Getreide wird man meist nicht selbst anbauen, sondern im Reformhaus oder im Bioladen bereits getrocknet kaufen und auch einige der genannten Nüsse sind bei uns nur im Handel erhältlich, weil sie importiert werden müssen, wie Mandeln, Cashewkerne und Pistazien. Sie sollen hier aber auch genannt werden, weil sie wichtige Zutaten sind für manche Fruchtleder und andere Rezepte.

Getreide

Der große Nährwert des Getreides beruht auf seinem hohen Stärke- und Eiweißgehalt. Heute können viele Städter die verschiedenen Getreidesorten bzw. deren Ähren nicht mehr unterscheiden, wenn sie an Feldrainen und Getreidefeldern vorbeiwandern. Für die verstärkte Nutzung des natürlichen Vollkornes gibt es wichtige Gründe.

Vollkornschrot enthält alle Nährstoffe des ganzen Getreidekorns wie Eiweiß, Pflanzenfett und Vitamin B, E sowie reichlich Mineralstoffe.

Es besitzt einen hohen Anteil an pflanzlichen Ballaststoffen (Zellulose), die Stoffwechsel, Verdauung und Cholesterinspiegel regulieren.

Es liefert leicht verdauliche Kohlenhydrate und enthält die für den Stoffwechsel unentbehrliche Fol- und Nikotinsäure.

Unverpacktes Vollkornbrot bleibt in einem trockenen, belüfteten Brotkasten je nach Vollkornanteil bis zu zehn Tage frisch.

Vollkornmehl ist dunkler als Weißmehl, weil es auch die nährstoffreichen Randschichten des Getreides enthält. Wegen des Anteils an unverdaulichen Kohlenhydraten besizten Vollmehlnahrungsmittel durchschnittlich 10 % weniger Kalorien als solche aus Auszugsmehl.

Körner und Getreide sind vielseitig verwendbar: Gesunde Müslis lassen sich einfach zubereiten, Brot, Kekse und Kuchen können mit Vollkorn ge-

backen werden und Waffeln und Suppen mit Mais oder Hafer sind jedem bekannt.

Wer vorhat, Vollkornmehl zu verwenden, sollte die Anschaffung einer elektrischen Getreidemühle erwägen, weil nur frisch gemahlenes Getreide gute Ergebnisse bringt. Einige Erzeuger haben Mahlwerke auf den Markt gebracht, die alle Getreidearten sowie Mohn und Leinsamen verarbeiten können. Frisch geschrotetes Getreide enthält noch alle wertvollen Inhaltsstoffe, die sonst bei Lagerung rasch verlorengehen, und Brot nach Hausmacherart gebacken, ist fester, schmackhafter und sättigender als Mischbrot aus Auszugsmehl. Manche Bioläden bieten aber auch an, die gewünschte Getreidemenge gleich im Geschäft frisch zu mahlen.

Weizen

Man unterscheidet Hart- und Weichweizen, Vollwertweizen besitzt sehr viel Protein und nur diese Getreideart enthält genügend Kleber, damit der Brotteig auch richtig geht. Es ist daher empfehlenswert, bei allen Brotarten zumindest ein paar Eßlöffel Weizenmehl dazuzugeben. Schale und Keimling sind der biologisch wichtigste Teil des Korns. Sie enthalten viel Vitamin E und B und einige Mineralstoffe, vor allem Magnesium.

Das Bouquet aus Lorbeerzweigen, Rosmarin und Thymian ist eine hübsche Küchendekoration und kann bei Bedarf geplündert werden.

Vollweizenbrot

500 g Vollweizenmehl
1 Tasse warme Milch
1 Päckchen Trockenhefe
1 Teelöffel Honig
1 Teelöffel Öl
1/2 Teelöffel Salz

Zuerst Milch, Honig und die Hefe verrühren und ein paar Minuten ruhen lassen. Dann mit Öl, Salz und Mehl verrühren und auf einer gut bemehlten Unterlage kneten. Bedeckt etwa 1 Stunde an einem warmen Ort gehen lassen.

Zuletzt den Teig zusammenschlagen und einen Laib formen oder in eine gut gefettete Brotform geben und oben mit Öl einpinseln. An einem warmen Ort bedeckt nochmals gehen lassen und dann bei 200–250 °C backen.

Roggen

Roggen ist ein wichtiger Bestandteil des Schwarzbrotes und immer noch das wichtigste Brotgetreide. Er reift früher als andere Getreidesorten und ist sehr ergiebig. Roggenmehl gibt jedem Brot einen leicht säuerlichen Geschmack. Meist setzt man dem Roggenmehl einen kleinen Anteil Weizenmehl zu und erhält so das übliche Mischbrot.

Diese Getreidesorte kann auch wie Reis zubereitet werden. Dazu muß man die Körner nur etwa 4 Stunden vor dem Kochen einweichen.

Roggen und Vollwertweizen sind Grundlage für schmackhafte, ballaststoffreiche Brote und Brötchen. Mit Nüssen oder Kräutern kann man sie beliebig zusätzlich würzen.

Granola

1 Tasse Hafermehl
1/2 Tasse Weizenmehl
1/2 Tasse Sojamehl
3 Eßlöffel Sonnenblumenkerne
2 Eßlöffel Weizenkeime
2 Tassen Milch
1/2 Tasse Korinthen
Vanille
3 Eßlöffel Honig
3 Eßlöffel Öl
eine Prise Salz

Mehl, Sonnenblumenkerne und die Weizenkeime zusammenrühren. Daneben das Öl mit dem Honig und der Vanille erhitzen. Die heiße Flüssigkeit über die Mehlmasse gießen und gut verrühren. Nun die Milch langsam dazugießen und gut durchrühren.

Anschließend die Masse in eine beschichtete oder gut gefettete Pfanne geben und anrösten. Dabei die Masse mit einem Bratenwender lockern, leicht zerteilen, wenden, und gleichmäßig anbacken lassen. Je nach Geschmack bis zu 20 Minuten bräunen lassen.

Nach dem Abkühlen die Korinthen dazugeben und zusammen mit einem Glas kalter Milch servieren.

Honigkuchen

200 g Roggenmehl
Wasser
3 Eßlöffel Honig
1 Päckchen Trockenhefe
etwas Orangeat
1 Eßlöffel kleingehackte Haselnüsse

Die Hefe auflösen und mit Honig, den restlichen Zutaten und dem Mehl gut zu einem Teig vermischen. Die Masse über Nacht zugedeckt stehen lassen.

Danach den Teig ausrollen und Formen ausstechen. Etwa 20 Minuten bei 200 °C backen.

Hafer

Mit Haferflocken lassen sich viele gute, nahrhafte Gerichte herstellen, wie Müsli, Porridge, Pfannkuchen und Haferbrei. Hafer besitzt einen geringeren Eiweißanteil als Weizen, enthält dafür aber mehr Kohlenhydrate und Fettsäuren.

Frühstücksplätzchen

3 Tassen Haferflocken
1/2 Tasse Sonnenblumenkerne oder Sesam
4 kleingehackte Äpfel
1/2 Tasse Honig
1/2 Tasse Sonnenblumenöl
1 Tasse Korinthen
2 Teelöffel Vanillezucker
Schale einer ungespritzten Zitrone

Alle Zutaten verrühren und dann eine Stunde stehen lassen, damit die Haferflocken quellen können. Dann die Masse mit einem Löffel zu kleinen Plätzchen geformt auf Butterbrotpapier auftragen und zügig dörren. Wer den Geschmack mag, kann auch ein bißchen Koriander daran geben. Besonders gut schmecken diese Naturkostplätzchen mit einer kleinen, frischen Sahnehaube.

Gerste

Gerste eignet sich zwar nicht zum Brotbacken, kann dafür aber als Ersatz für Naturreis dienen. Der größte Anteil der Welternte an Gerste dient als Viehfutter, weniger Bedeutung hat die Verarbeitung zu Graupen (geschälte Körner), Grütze (gebrochene Körner) oder Kaffeesurrogat (dabei wird gekeimte Gerste geröstet zu Malzkaffee).

Da Gerste aber von allen Getreidesorten die meiste Stärke enthält, hat sie ihre größte Bedeutung als Braugerste.

Gemüsetopf

1 Tasse Gerste
1 Eßlöffel Sojaschrot
2 Eßlöffel Dörrkarotten
2 Eßlöffel getrocknetes Suppengemüse
1/2 Tasse Trockenpilze
2 Eßlöffel Butter
etwas Salz, Kümmel
2 kleingehackte Schalotten

Gemüse und Pilze einweichen. Die Gerste mit dem Sojaschrot und etwas Salz kochen. Dann in einem flachen Topf Öl, Kümmel, die Zwiebeln und etwas Salz erhitzen. Nun die abgetropften Gemüse und Pilze zugeben

Weizenkuchen mit Mohnfüllung. Die Füllung könnte auch eine Paste aus Hasel- oder Walnüssen oder auch aus Pinienkernen sein.

und andünsten. Zuletzt die gekochte Gerste unterheben und zusammen mit dem Gemüse unter Zugabe des Einweichwassers gar dünsten und würzig abschmecken.

Weizen-Müsli

50 g Vollwertweizen
0,25 l Milch
1 Eßlöffel Zitronensaft
20 g getrocknete Äpfel
10 g geriebene Haselnüsse

Den Weizen mahlen oder schroten und in Wasser einrühren. Die Dörräpfel kleinschneiden und dazugeben, dann eine Stunde abgedeckt stehen lassen. Zuletzt fügt man Zitronensaft und die Haselnüsse dazu und verfeinert mit einer halben Tasse Milch.

Müsli kann ganz nach Geschmack und vorhandenen Vorräten aus den verschiedensten Getreidearten, Nüssen und Früchten zusammengestellt werden.

Leinsamen

Lein wurde früher in großen Mengen angebaut zur Flachsgewinnung. Die Samenkörner sind ölhaltig und reich an Protein. Das Öl wird aber wegen seines aufdringlichen Geschmacks hauptsächlich in der Industrie verwendet. Im Haushalt spielt Leinsamen bei

Selbstgebackenes Vollkornbrot und Roggenbrötchen. Wer häufig selbst bäckt, sollte sich eine Getreidemühle zulegen.

Rezepten für Fruchtleder eine ähnliche Rolle wie Sesam. Beide Samenarten kann man bei Fruchtmischungen zum Andicken heranziehen, um die Konsistenz des Früchtebreis zu festigen. Es empfiehlt sich aber, sparsam damit umzugehen, weil die Waffeln oder Fruchtmischungen leicht zu hart werden.

Leinsamenomelett

1 Tasse Milch
2 Eßlöffel Honig
1 Eßlöffel Öl
1/2 Tasse Leinsamenschrot
1/2 Tasse Vollwertmehl
1 Teelöffel Backpulver
1 geschlagenes Ei
etwas Salz

Milch, Öl und Honig mit dem Ei verrühren. Die restlichen Zutaten dazugeben. Gut durchmischen. Bei mittlerer Hitze in einer gut gefetteten Pfanne herausbacken.

Körnerwaffel

Dies ist vor allem ein Rezept für Leute, die gerne experimentieren und Neues entdecken wollen.

Roggen, Sesam, Leinsamen, Nüsse und Haferflocken werden zu etwa gleichen Teilen vermischt und alles mit Wasser und 2 Eßlöffel Rosinen im Mixer grob püriert. 2 Eßlöffel Honig dazugeben, bis eine zähe Masse entsteht.

Diese trägt man auf Butterbrotpapier auf, trocknet sie auf einem Trokkensieb zügig und schneidet die getrocknete Paste in kleine Quadrate oder Rauten.

Als Zutaten für die Körnerwaffel eignen sich besonders: Luzerne, Gerste, Mais, Mandeln, Sesam, Weizen, Roggen, Leinsamen, Hirse und Buchweizen. Eine besondere Geschmacksnote: Zugabe von gehackten Äpfeln.

Mais

Mais wird bei uns in erster Linie als Futterpflanze für Tiere angebaut. Es gibt aber auch süße Maissorten, die als Speisemais besonders geeignet sind. Vor allem in Amerika sind in Butter geröstete und leicht gewürzte Maiskolben sehr beliebt. Im Garten läßt sich Zuckermais so einfach wie Sonnenblumen anbauen; ein paar Quadratmeter in der hinteren Gartenecke genügen. Die Hauptsache ist, es gelingt, die Vögel bis zur Ernte von den Körnern abzuhalten. Will man den Mais frisch essen, so erntet man die noch unreifen Kolben, die sich in der »Milchreife« befinden. Die Körner sind noch weich und zuckerhaltig und brauchen meist nicht einmal gekocht zu werden, sondern können frisch und saftig vom Kolben geknabbert werden.

Zum Trocknen läßt man den Mais an der Pflanze ausreifen. Das Trocknen geht einfach vor sich: die ganzen Kolben werden gedörrt, indem man sie in Bündeln aufhängt. Danach lassen sich die Körner leicht ablösen. Mit einer Hand hält man dazu den Kolben an einem Ende fest und dreht ihn mit der anderen Hand: die Körner fallen leicht in eine bereitgestellte Schüssel. Mit einer Getreidemühle lassen sie sich zu Maismehl vermahlen und vielseitig verwenden. In Wasser aufgeweichter Mais schmeckt besonders süß und läßt sich hervorragend für Suppen und Salate verwenden.

Maischips

2 Tassen frische Tomaten, zerkleinert
2 Tassen Trockenmais
1/4 Tasse gehackte Zwiebel
3 zerdrückte Knoblauchzehen
1/2 Tasse Leinsamenschrot
2 Teelöffel Öl
1 Teelöffel Cayennepfeffer
etwas getrocknetes Dillkraut
Meersalz

Die Zutaten außer Mais und Leinsamen in einer Schüssel mischen, danach mixen, bis ein schöner Brei entsteht. Inzwischen den getrockneten Mais fein mahlen und in einer anderen Schüssel zusammen mit gemahlenem Leinsamenschrot vermischen.

Die Mais-Leinsamenmischung in die Schüssel mit den pürierten Tomaten einrühren. Die Masse auf Pergamentpapier auftragen und dörren. Sind die Chips einigermaßen getrocknet, das Papier entfernen und auf dem normalen Dörrschrankeinsatz weitertrocknen, bis sie ganz knusprig sind.

Polenta

200 g Maismehl
2 Teelöffel Salz

Zuckermais läßt sich gut am Kolben trocknen.

Man kann die Körner aber auch vor dem Dörren vom Kolben streifen und auf Sieben trocknen.

3 Teelöffel geriebener Hartkäse
1 l Wasser
etwas Butter

Salzwasser zum Kochen bringen und das möglichst grießartig gemahlene Maismehl langsam einrühren. Etwa eine halbe Stunde unter laufendem Umrühren kochen lassen, bis der Brei eindickt und trocken wird, dann locker in eine feuerfeste Glasform füllen, mit Butterflocken belegen und mit Käse bestreuen. Einige Minuten im Backrohr bei Oberhitze überbacken.

Mit Tomatensauce oder als Beilage zu Braten servieren.

Maisbrot

1 kg Maismehl
3 Eßlöffel Weizenmehl
2 Teelöffel Backpulver
4 Eier
1 l warmes Wasser

Mais- und Weizenmehl mit dem Backpulver mischen und das Wasser dazugießen. Eier darangeben und den Teig kräftig kneten. Anschließend läßt man ihn ein paar Stunden an einem kühlen Ort stehen, damit die Stärke darin aufgeschlossen und das Brot später lockerer wird. In einer vorgewärmten Brotform bäckt man dann bei etwa 200 °C ca. 45 Minuten.

Maisküchle

1 Tasse Milch
1/2 Tasse Maismehl
1/2 Tasse Weizenmehl
1 Teelöffel Backpulver
1 geschlagenes Ei
1 Teelöffel Honig
1 Teelöffel Öl
etwas Salz
2 Teelöffel Sojamehl, grob

Die Milch, den Honig, Backpulver, Öl und Salz mit dem geschlagenen Ei verrühren. Sodann Mais- und Weizenmehl einrühren und zuletzt das Sojamehl darangeben. Alles gut verrühren und zehn Minuten stehen lassen.

Dann aus dem Teig Plätzchen formen und in einer gut gefetteten Bratpfanne knusprig herausbacken.

Hülsenfrüchte

Hülsenfrüchte (Leguminosen) sind die frischen oder auch getrockneten Samen von Erbsen, Linsen, Bohnen und Sojabohnen. Sie sind über die ganze Welt verbreitet und dienen – besonders in Asien und Afrika – als preiswerte, aber wertvolle Eiweißlieferanten. Die Hülsenfrüchte sind darüber hinaus auch für Diabetiker von großem Vorteil, weil der menschliche Körper die in ihnen enthaltenen Kohlehydrate nur langsam verdauen kann und sie so nur schubweise als umgewandelter Zucker in den Blutkreislauf gelangen.

Die Hülsenfrüchte kann man – vorausgesetzt, sie wurden fachgerecht gedörrt – in gut verschlossenen Behältern an einem trockenen Ort praktisch jahrelang aufbewahren, ohne daß die Qualität des Nahrungsmittels darunter leiden würde. Man sollte allerdings niemals frische mit gedörrten Produkten mischen, da sie völlig unterschiedliche Garzeiten benötigen.

In rohem Zustand lassen sich praktisch nur ganz junge Erbsen genießen, da reife Hülsenfrüchte über teilweise giftige Begleitstoffe verfügen, die erst mit dem Kochen dauerhaft unschädlich gemacht werden.

Getrocknete Bohnen muß man mindestens 6–8 Stunden vor der Weiterverarbeitung einweichen, am besten geschieht dies über Nacht.

An bekanntesten Hülsenfrüchten sind hier zu nennen: Erbsen, Linsen, Bohnen und Sojabohnen.

Sojabohnen

Im Zuge der ganzheitlichen, naturbezogenen Ernährung, die in den letzten Jahren viele Anhänger gefunden hat und durch die vielen Fleischskandale vermutlich noch mehr Zulauf bekommen wird, hat die Sojabohne und ihre ganze Bandbreite an Verwendungsmöglichkeiten unglaublich an Bedeutung gewonnen. Diese je nach Art meist gelb, grün, braun, schwarz oder gesprenkelt gefärbte Hülsenfrucht wird heute zu zahlreichen Produkten verarbeitet:

Sojasauce ist wohl am bekanntesten; sie wird durch Vergären der ganzen Bohnen gewonnen und dient als vielfältig einsetzbare Würze vornehmlich für Fleischspeisen.

Miso ist eine Sojabohnenpaste, die durch Vergären von Sojabohnen, Reis und Kochsalz entsteht. Miso läßt sich gut als Basis für Suppen, Eintöpfe und Brühen verwenden oder auch anstatt der Sojasauce in Saucen und Dips.

Sojamilch enthält beinahe soviel Eiweiß wie die Kuhmilch. Sie dient als Basis für die Herstellung von Sojaquark, Sojayoghurt und Tofu. Es gibt auch Diätkuren, die auf Sojamilch basieren.

Sojabohnenkeimlinge (Sprossen) bieten viel Vitamin C, aber auch Eiweiß, das besonders dann vom Körper leicht aufgeschlossen werden kann, wenn man die Keimlinge vor dem Verzehr kurz in Fett andünstet.

Tofu wird mit Hilfe von Mikroorganismen aus Sojamilch gewonnen und ähnelt unserem Weichkäse, schmeckt sehr mild und ist in Naturkostläden und Reformhäusern zu bekommen. Tofu läßt sich durch seine Geschmacksneutralität hervorragend für die Bereitung von Frikadellen, für Salate, Suppen und Saucen verwenden.

Sojanüsse sind fritierte Sojabohnen; es gibt sie gesalzen und ungesalzen im Handel.

Sojaflocken entstehen aus gerösteten, flach gepressten Sojabohnen.

Sojamehl wird aus gedörrten Sojabohnen erzeugt und kann zum Backen herangezogen werden. Da diese Mehlform allerdings kein Klebereiweiß enthält, muß es beim Backen immer mit anderen, herkömmlichen Mehlen vermischt werden. Sojamehl eignet sich ausgezeichnet als Suppenbasis, für Saucen oder als Fleischersatz. Es lassen sich damit gesunde und wohlschmeckende vegetarische Bratlinge herstellen.

Linsen

Schon in der Bibel wird von ihnen gesprochen: Esau verschacherte sein Erstgeburtsrecht für einen Teller Linsensuppe mit Brot an seinen Bruder Jakob. Hülsenfrüchte und Getreideprodukte bilden seit Menschengedenken eine nahrhafte Kombination. Dieses Gemüse ist eine uralte, orientalische Kulturpflanze und wird vor allem in den Mittelmeerländern und in Rumänien angebaut. Die bauchigen Schoten enthalten jeweils zwei Kerne. Linsen kommen bei uns bereits in getrocknetem Zustand in den Handel, enthalten relativ viel Eiweiß und Kohlenhydrate, sowie einen bedeutsamen Kalziumanteil. Da die Pflanze in gewissen Grenzen frostbeständig ist und am besten in einem gemäßigten, feuchten Klima gedeiht, lassen sich einige Sorten wie z. B. die 'Grüne von Puy' durchaus auch bei uns anbauen, sie braucht allerdings viel Kalk und Phosphor.

Die Linsen ergeben eine hervorragende, vielseitige Winterkost, wie schmackhafte Eintöpfe, Suppen und süß-saure Gerichte.

Linsensuppe

2 Tassen Linsen
1 l Wasser
1 Eßlöffel Vollwertmehl
1 kleingehackte Knoblauchzehe
1 abgetropfte Dörrkarotte in Schnitzen
2 Eßlöffel gehackte Petersilie
2 grobgeschnittene Zwiebeln
etwas Cayennepfeffer, Thymian, Majoran und Salz

Linsen mit den Zwiebeln gemeinsam etwa 40 Minuten kochen, bis sie weich sind. Die Karotten und den Sellerie mit etwas Zwiebeln in einer Pfanne leicht andünsten. Das Mehl einrühren, mit Brühe oder Kochwasser der Linsen ablöschen, Linsen und die Petersilie dazugeben und mit den Gewürzen abschmecken.

Mit gerösteten Weißbrotstückchen servieren.

Linsensalat

1 Tasse Linsen
1 Eßlöffel Olivenöl
1 Eßlöffel Tamarisauce
3 Tassen Wasser
1 Zwiebel
2 kleingeschnittene Tomaten
1 zerdrückte Knoblauchzehe
Thymian, Saft einer halben Zitrone

Die Linsen mit dem Wasser etwa 40 Minuten mit etwas Thymian weich kochen und abtropfen lassen.

Aus den übrigen Zutaten eine Salatsauce mischen und über die heißen Linsen geben. Zugedeckt ziehen und abkühlen lassen.

Überbackene Linsen

500 g Linsen
1 Teelöffel Salz
1 Lorbeerblatt
1 Messerspitze Ingwerpulver
3/4 l Wasser
1 Eßlöffel Sojasauce
20 g getrocknete Zwiebeln (oder 2 gehackte Frischzwiebeln)
1 Teelöffel Senfkörner, gemahlen
250 g Rauchfleisch in 2 cm große Stückchen geschnitten
1/3 Tasse Honig

Die Linsen mit dem Lorbeerblatt, Salz und dem Wasser zum Kochen bringen und 30 Minuten köcheln lassen. Das Lorbeerblatt entfernen.

Inzwischen mischt man Gewürze, Sojasauce und Zwiebeln miteinander

Linsen, Mungobohnen und Senfsaat eignen sich hervorragend zum Keimen.

und gibt alles an die Linsen. Nun wird das Fleisch darangegeben und nach kräftigem Umrühren alles in eine Backform gegossen. Nun gießt man den Honig darüber und bäckt alles bei 180 °C 1 Stunde lang im Backrohr. Die letzten 15 Minuten aufgedeckt lassen, damit das Rauchfleisch bräunt. Am besten mit heißem, gebackenem Reis servieren.

Keimlinge und Sprossen

Die Getreidearten und Hülsenfrüchte sind seit Menschengedenken die wichtigste Nahrungsgrundlage bei allen Völkern. Gekeimte Körner waren und sind besonders bei den Chinesen für gesunde Mahlzeiten und medizinische Therapien bekannt; Sojasprossen oder Luzernekeimlinge kennt jeder

BAUSTEINE DER VOLLWERTERNÄHRUNG
Schnitzer's
SprossenTurm
Tower

aus der chinesischen Küche. Die Keime der Getreide und Hülsenfrüchte sind besonders hochwertig, eiweißreich und liefern rasch neue Energie. Daneben sind sie nahrhaft, leicht verdaulich und vor allem auch zu Hause auf einfachste Weise herzustellen.

Gekeimte Samen besitzen einen hohen Nährwert, ihr frisches Geschmacksbild entspricht dem der späteren Frucht. Schon nach kurzer Keimzeit vervielfacht sich der Gehalt an Vitamin A, B und C, die Enzyme fördern den Stoffwechsel und die enthaltenen Spurenelemente wie Kalium, Eisen und Jod steigern das Wohlbefinden.

Selbstgezogene Sprossen sind erheblich billiger als die Gemüse des Marktangebots und außerdem frischer als jede Fertigware. Sprossennahrung ist Supernahrung, da die Samenkörner alle wertvollen Nahrungsreserven für die Wachstumsphase der Pflanze enthalten.

Die Sprossenzucht zu Hause geht denkbar einfach vor sich:

Am einfachsten nimmt man hierfür ein Einweckglas von 1 l Inhalt und füllt es mit etwa 1/2 Tasse gereinigter Bohnenkerne (oder anderer Samen). Dann gießt man das Glas mit sauberem Wasser voll und läßt die Bohnen über Nacht weichen. Das Glas deckt man dabei mit einem luftdurchlässigen Gazestoff oder feinem Nylonnetz ab, das man mit einem Gummiband um den Glasrand befestigt. Schon am nächsten Tag haben sich die Bohnen vergrößert, das heißt, der Keimprozeß hat begonnen. Nicht keimfähige Bohnen, also solche, die in der Einweichphase nicht gewachsen sind, sondert man aus.

In diesem Sprossenturm kann man auf einfache Weise die verschiedensten Keimlinge für Salate und Rohkost herstellen.

Nun gießt man das Einweichwasser ab und läßt das Glas mit den Bohnenkeimen mit der Seite nach unten an einem Platz stehen, der warm und nicht allzu hell ist. So haben die Keimlinge mehr Platz für die Triebe. 2–3 mal pro Tag wässert man die Keimlinge nun jeweils 15 Minuten in lauwarmem Wasser. Die Bohnen sollen ab jetzt immer feucht gehalten werden, aber nicht im Wasser schwimmen. Bald sprengen die Bohnen ihre Außenhaut ab, die man entfernt.

Auch an den folgenden Tagen keimen die Bohnen weiter in ihrem Weckglashäuschen und man wässert sie mehrmals täglich auf die vorhin beschriebene Art. Bald wird aus der halben Tasse Bohnenkerne ein Glas voller Sprossen. Entscheidend für einen gesunden Wachstumsprozeß sind genügend Feuchtigkeit, gleichmäßige Temperatur und ausreichende Luftzirkulation. Direkte Sonnenbestrahlung ist unbedingt zu vermeiden, indirektes Licht oder eine dunkle Zimmerecke sind vorzuziehen.

Die Bohnenkeimlinge sind dann gebrauchsfähig, wenn sie so lang wie die Kerne geworden sind. Vor der Weiterverarbeitung kann man sie jetzt ein paar Stunden dem Tageslicht aussetzen, damit die Chlorophyllbildung richtig in Gang kommt.

Grundsätzlich eignet sich jede Getreide- oder Hülsenfruchtart zum Ziehen von Keimlingen. Je nach Art der Saat dauert es dabei 4–10 Tage, bis die Sprossen verwendungsfähig sind.

Die Sprossen sind fertig zum Verbrauch.

Keimlinge können frisch verzehrt werden, müssen dann allerdings gut gekaut werden, man kann sie aber auch Suppen, Salaten und Joghurtspeisen beimischen. Auch als Müslibasis sind besonders die beliebten Weizenkeime zu empfehlen.

Welche Saatarten lassen sich nun für die Sprossenzucht hernehmen? Zunächst einmal die Rote oder Grüne Sojabohne, Luzerne (Alfalfa), Getreidekörner (Roggen, Weizen, Gerste), Sonnenblumen, Kresse, Linsen und Kichererbsen, um nur einige zu nennen. Schnellwachsende Kresse (Lepidum sativum) und Luzerne lassen sich unkompliziert auf Watte oder auf einem feuchten Tuch keimen. Im Handel sind für diesen Zweck auch gute Keimgeräte erhältlich, wie »bioset«, oder »biosnacky«, die einem die Arbeit erleichtern, ausgezeichnete Qualität und außerdem größere Mengen an Keimlingen liefern.

Sprossensandwich

2 Scheiben helles Vollkornbrot
1 Scheibe Emmentaler
Butter
Weizensprossen (oder andere)
Tamarisauce

Jede Scheibe dünn mit Butter bestreichen. Eine Brotscheibe mit der Butterseite nach unten in eine Pfanne legen, Käse und Sprossen darauflegen und die zweite Brotscheibe mit der Butter nach oben daraufgeben.

Leicht anrösten, dann das Sandwich umdrehen und ebenso verfahren. Dies läßt sich natürlich auch einfach in einem Klapptoaster durchführen. Vor dem Servieren etwas Tamarisauce darüberträufeln.

Sojasprossensalat mit Broccoli

300 g Broccoli
4 rohe Pilze (Champignons)
Sojasprossen
1 Joghurt natur
3 Eßlöffel Bavaria Blue Käse
1 Teelöffel Zitronensaft
Salz, Pfeffer aus der Mühle

Zuerst zerteilt man die Broccoliröschen etwas und schneidet die Stengel dünn. Außerdem schneidet man die gereinigten Pilze in Scheiben. Dann mischt man Pilze, Broccoli und Sprossen zusammen.

Aus dem Joghurt, dem zerbröselten Käse und dem Zitronensaft sowie Salz und Pfeffer nach Bedarf rührt man ein Salatdressing an, das man über den fertigen Sprossensalat gießt.

Auch unter frische grüne Salate gemischt, sind Sojasprossen gut.

Zwiebelsuppe

3 Eßlöffel Sonnenblumenöl
200 g geraspelte Karotten
300 g Zwiebeln
40 g Vollwertmehl
1 l Gemüsebrühe
2 Eßlöffel Kressesprossen
4 Eßlöffel Luzernesprossen
2 Eßlöffel geriebener Käse
Gewürze

Das Öl erhitzt man in einer großen Pfanne und gibt die Karotten und die feingehackten Zwiebeln daran. Nun dünstet man, bis das Gemüse weich ist. Dann rührt man das Mehl ein und gießt langsam mit Brühe auf, so daß die Schwitze dabei nicht klumpt.

Zuletzt gibt man die Sprossen und den geriebenen Käse dazu und schmeckt die Suppe ab. Dazu reicht man frisches Toastbrot.

Bauernsuppe mit Linsensprossen

100 g Sojasteakli
1,5 l Gemüsebrühe
1 Eßlöffel Petersilie
1 Teelöffel Thymian
1 Tasse Linsensprossen
1 Zwiebel, feingehackt
200 g gekochte Kartoffeln
etwas Rauchfleisch

Die Sojasteakli zerkleinert in einer großen Pfanne mit der Gemüsebrühe und der Zwiebel 20 Minuten köcheln lassen. Nun die gekochten Kartoffeln pürieren und mit den Rauchfleischstückchen darangeben. Abschmecken und zehn Minuten weiterköcheln lassen. Zuletzt die Sprossen darangeben und mit Knoblauchröstbrot oder Toast servieren.

Sonnenblumenkerne

Sonnenblumenkerne sind in der Küche vielseitig verwendbar, wenn man die dekorative Gartenpflanze im Herbst nicht den Vögeln überlassen möchte.

Zum Trocknen kann man entweder die ganzen Köpfe der Sonnenblume abschneiden und an einem luftigen Ort vor Vögeln geschützt zum Trocknen aufhängen oder man streicht, am besten mit dem Daumen, die Kerne aus den Köpfen und trocknet sie auf dem Trockensieb.

Sonnenblumenkerne werden dem Brotteig untergemischt und ergeben ein sehr schmackhaftes Brot, das sich lange frisch hält. Auf das geformte Brot oder die Brötchen gestreut und mitgebacken, wirken sie dekorativ und geben dem Brot einen kräftigen Geschmack.

Geröstete Sonnenblumenkerne sind eine eiweißreiche Ergänzung, wenn sie unter grünen Salat gemischt werden.

Aprikosenmüsli

50 g Haferflocken
20 g getrocknete Apfelschnitze
30 g getrocknete Aprikosen, gehackt
10 Weizenschrot
10 g Sonnenblumenkerne
4 Teelöffel Milchpulver
15 g angeröstete Weizenkeime
15 g Rosinen
1 Messerspitze Salz
Honig, Milch

Das Müsli ist eine gute und gesunde Ergänzung zum Frühstück und wird erst richtig gut mit Trockenobst.

Bei dieser Abwandlung eines alten Schweizer Rezeptes kann man natürlich auch mit anderen Trockenfrüchten, wie Beeren oder Bananen experimentieren. Auch die Weizenkeime lassen sich leicht durch Haselnüsse oder Mandelsplitter ersetzen.

Die Zutaten werden sorgfältig vermischt und mit Honig und Milch nach Geschmack verrührt.

Kürbiskerne

Sie lassen sich leicht trocknen und anrösten. Sie sind dann eine gesunde Knabberei. Kaltgepreßtes Kürbiskernöl ist ein erstklassiges Salatöl.

Wie Sonnenblumenkerne können sie zum Backen und Kochen verwendet werden z. B. unter Reis gemischt wie anstelle von Pistazien oder Pinienkernen (s. Mazedonisches Pilau und Gebratene Eier mit Reis). Auch über grüne Salate, wie Ackersalat, gestreut schmecken Kürbiskerne gut.

Sesamriegel

2 Tassen Sesamsamen
1 Tasse Kürbiskerne
1/2 Tasse Honig
etwas heißes Wasser

Honig und Wasser mischen und die Kerne einrühren, bis die Mischung dickt. Danach auf eine Folie auftragen und dabei vorsichtig verteilen, denn diese Mischung wird leicht bröselig. Mit einem angefetteten Messer schon jetzt kleine Rechtecke (Riegel) darin markieren. Dörren lassen.

Sobald die Sesamriegel angetrocknet sind, die Folie entfernen, die Riegel wenden und weiterdörren, bis sie knackig sind. An den vorgeschnittenen Linien brechen und fertig trocknen. Der Fantasie an Körner- und Gewürzkombinationen für diese Knabberriegel sind praktisch keine Grenzen gesetzt, man kann Sonnenblumenkerne oder Nüsse anstatt der Kürbiskerne verwenden, Dattel-, Pflaumen-, Aprikosen- oder Rosinenstückchen dazugeben und mit Zimt oder Zucker den Geschmack beeinflussen.

Weintraubensalat mit Kürbiskernen

200 g grüne Weintrauben
200 g blaue Weintrauben
2 Äpfel
Saft einer Zitrone
1 bis 2 Eßlöffel Honig
1 kleines Glas Orangenlikör
3 bis 4 Eßlöffel Kürbiskerne, geschält

Kürbiskerne in etwas Butter rösten. Mit den halbierten Trauben und dem kleingeschnittenen Apfel mischen. Aus Honig, Zitronensaft und Likör eine Marinade bereiten und über den Salat gießen.

Anstelle der Kürbiskerne eignen sich auch Sonnenblumenkerne.

Mazedonisches Pilau

300 g Naturreis
3 Eßlöffel gehackte Pistazien, Sonnenblumen- oder Kürbiskerne
3 Eßlöffel Korinthen
4 Eßlöffel Olivenöl
2 Zwiebeln, grob gehackt
3 Eßlöffel getrocknete Tomaten,

eingeweicht
1 Teelöffel Salbei
Petersilie, Zwiebelsalz
etwas Nelkenpfeffer und
1 l Gemüsebrühe

Die Zwiebeln in Öl leicht andünsten. Den Reis mit den Pistazien dazugeben und 5 Minuten dünsten. Nun die übrigen Zutaten sowie die heiße Gemüsebrühe hinzufügen und bei schwacher Hitze alles zugedeckt etwa 45 Minuten dünsten. Vor dem Servieren mit den Gewürzen abschmecken.

Gebratene Eier mit Reis

1 Tasse Langkornreis
2 Eßlöffel Pinien-, Kürbis- oder Sonnenblumenkerne
1 gehackte Zwiebel
Pflanzenöl
Sojasauce
6 Eier
schwarzer Pfeffer, etwas Salz
150 g geriebener, scharfer Käse
2 Eßlöffel Paniermehl

Die Zwiebel in Öl weich andünsten, den Reis einrühren und etwa 3 Minuten dünsten. Mit 2 Tassen heißem Wasser übergießen und nach Geschmack mit Sojasauce und Salz abschmecken. Köcheln lassen, bis das Wasser verdampft ist. Käse und Pinienkerne unterheben.

Eine flache Auflaufform gut einfetten und mit der Reismischung füllen. Nun die Eier über den Reis schlagen, mit Salz und Pfeffer bestreuen. Zuletzt folgt noch eine dünne Lage Paniermehl.

Bei 150 °C 20 Minuten backen und mit gehackter Petersilie überstreuen.

Walnüsse

Frische Walnüsse müssen sehr sorgfältig getrocknet werden, damit sie nicht schimmeln. Wenn man einen Walnußbaum im Garten hat, läßt man die Nüsse reifen, bis sie von selbst aus den grünen Schalen fallen und breitet sie an einem luftigen Ort zum Trocknen aus.

Hervorragend schmecken Nüsse in Kombination mit anderen Früchten, sei es gemahlen oder auch in Stückchen. Wer einmal Dörrzwetschgen gespickt mit Walnußkernen versucht hat, weiß diese Verbindung zwischen Früchten und Nüssen zu schätzen.

Nußquark

125 g Magerquark
60 g gemahlene Walnüsse
1 Eßlöffel Joghurt
1/2 Teelöffel Zimt

Den Quark mit den Nüssen gut vermischen, Joghurt und Zimt darunterrühren, so daß die Masse locker und streichfähig wird.

Haselnüsse

Haselsträucher findet man oft an Wald- und Wiesenrändern. Man kann die Nüsse bereits grün pflücken, sie sind dann allerdings nicht haltbar. Besser ist es, wie bei anderen Nüssen auch auf die Vollreife zu warten und die Haselnüsse ohne Schale zu trocknen. Im Fett-, Kohlenhydrat- und Eiweißgehalt sind sie den Walnüssen sehr ähnlich und können daher diese auch in Rezepten leicht ersetzen.

Haselnußkasserole

1 Tasse Vollwertweizen, gekocht
1 Tasse grob gehackte Haselnüsse
3 Eier
1 Tasse Hüttenkäse
1 Tasse Milch
je eine Prise Salz, Zimt und
Cayennepfeffer
etwas angedünstete Weizenkeime

Die Eier schlagen und Käse und Milch dazugeben und würzen. Eine passende Auflaufform gut einfetten und eine Schicht gekochten Weizen auflegen. Mit etwas von der Ei-Milchmischung übergießen und Haselnüsse darüberstreuen. Die Folge mehrfach wiederholen. Zuletzt streut man obenauf Weizenkeime.

Bei 250 °C bäckt man nur 45 Minuten und serviert das Gericht beispielsweise mit Zuckererbsen oder grünem Salat.

Haselnüsse werden nach der Ernte einige Wochen gelagert, damit sich die äußere Hülle ablösen läßt, oder man sammelt die Nüsse erst, wenn sie aus den Hüllen fallen.

Gebrannte Haselnüsse

200 g Haselnüsse
200 g Zucker
2 Teelöffel Zimt
1 Päckchen Vanillezucker

Die Nüsse im vorgeheizten Ofen auf einem Backblech anrösten, aber nicht bräunen. In einer Pfanne Zucker unter Umrühren honigbraun schmelzen, Vanillezucker, Zimt und Nüsse darangeben und umrühren, so daß sie eine Karamelhaut erhalten. Etwas Wasser dazugeben und den Zucker nochmals dick kochen, dann die Haselnüsse herausnehmen und ausgebreitet trocknen. Das Rezept eignet sich auch für andere Nüsse.

Nußbutter

Aus Haselnüssen oder Walnüssen kann man einen vorzüglichen Brotaufstrich herstellen, indem man die Nüsse bei ca. 150 °C unter häufigem Umrühren und Wenden eine Viertelstunde röstet. Dann dreht man sie durch den Fleischwolf, oder zerkleinert sie im Mixer zu Mus. Mit Honig und wenig Salz würzen und etwas Olivenöl dazugeben, bis die Creme geschmeidig und streichfähig ist. Besonders gut schmeckt die Nußcreme, wenn sie aus Erdnüssen gemacht wird. Als Erdnußbutter ist sie auch im Handel erhältlich.

Nußmus

50 g Erdnüsse
50 g Haselnüsse
50 g Cashewkerne
50 g Rosinen
30 g Sesamsamen

Die Nüsse nacheinander im Mixer fein zerkleinern, bis eine Paste entsteht. Dann die grob pürierten Rosinen und Sesamsamen hineinrühren.

Müsli Surprise

200 g Haferflocken
50 g Sultaninen
50 g Rosinen
50 g Datteln, entsteint
70 g getrocknete Aprikosen
70 g getrocknete Äpfel
100 g Haselnüsse
1/2 Teelöffel Zimt
eine Prise Muskatnuß

Die Haferflocken in eine Schüssel geben und mit Sultaninen und Rosinen mischen. Datteln, Aprikosen, Äpfel und Haselnüsse klein hacken und darangeben. Zimt und Muskatnuß unter die fertige Müslimasse heben. Mit fettarmer Milch, Joghurt oder Molke aufgießen und servieren. Dazu schmecken frische Früchte als Beigabe hervorragend.

Exotische Trockenfrüchte Feigen, Datteln und Nüsse

Früchte, wie Feigen und Datteln, das vielfältige Angebot an Rosinen, Sultaninen und Korinthen oder einige Nüsse, wie Pinien- oder Cashewkerne kommen bereits in getrockneter Form in den Handel und sind frisch zu kostbar, um sie zuhause zu dörren. Niemand wird z. B. kostbare saftig frische Feigen kaufen, um sie auf den Trockenrost zu legen. Trotzdem gehören einige dieser Früchte zu klassischen Rezepten, wie Früchtebrot und Dattelmakronen und bilden eine gute Ergänzung der hausgemachten Vorräte.

Einige Rezepte sollen Anregungen geben. Häufig sind diese Früchte oder Nüsse auch durch einheimische zu ersetzen und damit die Ergebnisse geschmacklich zu variieren.

Feigenschnitten

Teig:
250 g Mehl
125 g Butter
75 g Zucker
1 Eigelb

Fülle:
200 g Feigen
1/8 l Wasser
3 bis 4 Eßlöffel Honig
Saft von 1/2 Zitrone

Aus den Zutaten für den Teig einen Mürbteig bereiten und eine Stunde kühl stellen.

Die Feigen sehr fein hacken oder durch den Fleischwolf drehen, mit Honig, Zitronensaft und Wasser zu einer geschmeidigen Masse kochen und abkühlen lassen.

Den Teig ausrollen, etwa 10 cm breite Streifen schneiden, mit der Feigenpaste belegen und zu einer Rolle formen. Mit der Teigkante nach unten legen, in 3 cm lange Stücke schneiden und auf einem Blech etwa 20 Min. backen. Mit Zuckerguß aus Puderzucker und etwas Zitronensaft glasieren und nach Belieben mit bunten Trokkenfrüchten verzieren.

Diese Schnitten lassen sich auch mit anderem Dörrobst zubereiten und geschmacklich variieren.

Feigensüßspeise

200 g Trockenfeigen
4 Eßlöffel Sherry
50 g Mehl
50 g Fett
50 g geröstete Semmelbrösel
1 Teelöffel Zimt
1 geschlagenes Ei
50 g brauner Zucker
geriebene Schale und der Saft einer Zitrone, ungespritzt
etwas Butter

Die Feigen fein schneiden und 3 Stunden im Sherry weichen lassen. Dann das Mehl, die Brösel, das Fett und den Zimt in einer Schüssel gut verrühren

und anschließend die Feigen darunter mischen. Den Teig gut durchkneten und den Zucker mit der geriebenen Zitronenschale beifügen.

Zuletzt den Sherry, den Zitronensaft und das Ei darangeben und die Masse nochmals gut durchkneten. Sodann in eine gefettete Backform geben und mit einer gebutterten Folie zudecken.

Etwa 2 Stunden im Backrohr backen und mit Karamelsauce servieren.

Feigenmarmelade

1 Pfund getrocknete Feigen
4 Tassen Wasser
2 Eßlöffel gehackte Walnüsse

Die Feigen waschen, die Stielenden abschneiden und die Früchte zerkleinern. Im Wasser eingeweicht über Nacht stehen lassen und sodann unter Rühren kochen, bis die Flüssigkeit verdampft ist. Zuletzt die Walnüsse hinzufügen und den dicken Brei in kleine Gläser abfüllen, die zur Aufbewahrung kühl gelagert werden müssen.

Feigensalat

300 g Dörrfeigen
2 Blutorangen
10 Eßlöffel Orangensaft
3 Eßlöffel Honig
1 Teelöffel abgeriebene Orangenschale
3 Eßlöffel feingehackte Haselnüsse

Pflaumen und Aprikosen – eine klassische Kombination. Mit oder ohne Äpfel ergibt sie ein köstliches Kompott.

Die gewaschenen Feigen in Scheiben schneiden, die Orangen abschälen, entkernen und in Stückchen schneiden. Saft, Honig und Haselnüsse daruntermischen und alles vorsichtig vermischen.

Der Feigensalat schmeckt am besten gekühlt.

Dattelwaffeln mit Sesam

2 Tassen Datteln
1 Tasse Sesam
6 Eßlöffel Honig
etwas gemahlener Zimt

Die Datteln entsteinen und klein hakken. Dann mit gemahlenem Sesam und Honig gut verrühren. Schließlich kommt nach Geschmack noch etwas Zimt hinzu.

Der Teig wird entweder auf Butterbrotpapier oder Folie aufgetragen und nach dem Trocknen geschnitten, oder man formt gleich kleine Waffeln oder Plätzchen, die auf den Sieben dann rascher trocknen.

Dattelkuchen

375 g entsteinte Datteln
100 g Butter
200 g Zucker
3 Eier
375 g Mehl
1 Teelöffel Backpulver

Datteln mit einer Tasse kochendem Wasser übergießen und zugedeckt ziehen lassen. Butter, Zucker und Eier schaumig rühren. Mehl und Backpulver darüber sieben und die Datteln untermischen. In einer Kastenform im vorgeheizten Backofen bei Mittelhitze 45 bis 60 Minuten backen.

Dattelmakronen

250 g Mandeln
250 g Datteln ohne Stein
3 Eiweiß
200 g Puderzucker
Backoblaten

Mandeln abziehen und in Stifte schneiden, Datteln der Länge nach in Streifen schneiden (das geht am besten mit der Küchenschere). Eiweiß mit einem Teil des Zuckers zu steifem Schnee schlagen, restlichen Zucker vorsichtig unterrühren und zuletzt Mandeln und Datteln unterheben. Mit einem Löffel Häufchen auf Backoblaten oder auf Backpapier setzen und bei schwacher Hitze mehr trocknen als backen.

Diese Makronen schmecken auch besonders gut mit Aprikosen statt mit Datteln.

Kapuzinerbrot

100 g Cashewkerne
10 g Zimt
100 g Weizenmehl
100 g brauner (Farin) Zucker
4 Eier

Die Cashewkerne werden grob gehackt, sodann rührt man sie mit den restlichen Zutaten und 4 Eigelb zu einem Teig zusammen. Nun hebt man den festen Schnee der Eier darunter und sticht kleine Kücherl aus, die man bei mäßiger Hitze auf einem gefetteten Blech ausbäckt.

Paranußkuchen

250 g Paranüsse
250 g entsteinte Datteln
250 g getrocknete Aprikosen
100 g getrocknete oder kandierte Kirschen
1 Beutel Vanillezucker
200 g Zucker
250 g Mehl
3 Eier
1 Glas Rum
1 Teelöffel Backpulver

Datteln und Aprikosen in Streifen schneiden, mit den Kirschen in eine Schüssel geben, mit dem Rum übergießen und eine Stunde ziehen lassen. Die Nüsse längs halbieren. Eier mit Zucker und Vanillezucker schaumig rühren, Mehl und Backpulver darübersieben und verrühren. Nüsse und Früchte unterheben und in einer mit Backpapier ausgelegten Kastenform etwa 1 Stunde bei Mittelhitze backen.

Erdnußfrühstück

50 g getrocknete Äpfel
40 g Weizenschrot
30 g Erdnüsse
20 g Sojamehl
frisch gepreßter Orangensaft

Die Apfelschnitze läßt man etwa 10 Minuten in köchelndem Wasser quellen. Nach dem Auskühlen und Abtropfen die restlichen Zutaten hinzufügen, gut durchrühren und über Nacht stehen lassen.

Literaturverzeichnis

Aicher, G.: Keime, Sprossen, Grünkraut. Bausteine zur Vollwerternährung. Schnitzer GmbH, St. Georgen/Schwarzwald, 1989.

Colditz, G.: Exotisches Obst und Gemüse für die Küche. Verlag Eugen Ulmer, Stuttgart 1995.

Dähnke, R.: 700 Pilze. AT-Verlag, Aarau 1981.

Dixon, P.: Pies, Bakes and Casseroles. Verlag Thorsons, Wellingborough 1983.

Fischer, M. (Hrsg.): Farbatlas Obstsorten. Verlag Eugen Ulmer, Stuttgart 1995.

Gööck, R.: Kochbuch für das einfache Leben. Mosaik-Verlag, München 1980.

Kraus, A.: Obst und Gemüse trocknen. Gartenpraxis Heft 8, 1984, Verlag Eugen Ulmer, Stuttgart.

Linde, G.: Von Anis bis Zimt. Verlag für die Frau, Leipzig 1972.

Lucas, E.: Kurze Anleitung zum Obstdörren und zur Mußbereitung. 5. Auflage. Verlag Eugen Ulmer, Stuttgart 1881.

MacManiman, G.: Natürliche Konservierung – biologisch richtig haltbar machen. Carussell-Verlag, Michelsneukirchen 1983.

Merzenich, M. und E. Thier: Brot backen. Traditionelles aus dem Holzbackofen. Verlag Eugen Ulmer, Stuttgart 1996.

Pütz, J.: Konservieren durch Trocknen. Das Hobbythek-Buch 6. 3. Auflage. Vgs, Köln 1983.

Recht, Ch. und M.F. Wetterwald: Ernte am Wegrand. 2. Auflage. Verlag Eugen Ulmer, Stuttgart 1997.

Rickert, E.: Sprossen und Keime. Gartenpraxis Heft 11, 1984. Verlag Eugen Ulmer, Stuttgart.

Sams, C.: Köstliche Naturreisrezepte. Carussell-Verlag, Michelsneukirchen 1984.

Smedt, A. de: Der Garten im Laufe der 4 Jahreszeiten. Pawlak-Verlag, Herrsching o.J.

Studer, A., E. Suter und H.U. Daepp: Vorratshaltung von Obst und Gemüse. 2. Auflage. Verlag Eugen Ulmer, Stuttgart 1990.

Bezugsquellen

Rapunzel Naturkost AG
Haldergasse 9
87764 Legau
Getreide, Kräuter u. a. aus natürlichem Anbau. Kundenzeitschrift, Katalog.

Schnitzer GmbH & Co. KG
Postfach 1433
78106 St. Georgen/Schwarzwald
Sprossenturm, Getreidemühlen

Sigg Dörrex, Bio-Keller
Inh. Albert Kiefer
Konradstr. 17
79199 Freiburg
Sigg AG Haushaltsgeräte
CH-8951 Frauenfeld
Dörrgeräte

Starmix, Elektrostar Schöttle
73262 Reichenbach

ULOG, Ulrich Oehler
Morgartenring 18
CH-4054 Basel
Solargeräte

Bildquellen

Farbfotos

Johannes Apel, Baden-Baden: Seite 115
Chris Meier, Stuttgart: Titelfoto, Seite 6, 7, 25, 34, 70, 74, 80, 86, 90, 96, 118
Elke Rickert, Husby: Seite 107, 110
Achim Samwald: Seite 1, 29, 30, 31, 36, 37, 38, 39, 45, 47, 49, 58, 60, 61, 62, 63, 66, 68, 71, 72, 73 (2), 75, 77, 79, 82, 85, 98, 100, 101, 103 (2)
Schnitzer GmbH, St. Georgen/Schwarzwald: Seite 108
Fritz Schumacher, Affoltern am Albis: Seite 8, 40, 43, 52, 56, 112
ULOG, Ulrich Oehler, Basel: Seite 19
Max-Felix Wetterwald, Offenburg: Seite 2, 11, 12, 15 (2), 32, 93

Zeichnungen

Marlene Gemke, München: Seite 18 oben, 19
Claudia Hosslin, Therwil: Seite 13, 14, 16 oben, 17, 18 unten, 20 oben rechts, 21
Aus: Eduard Lucas: Seite 16 unten, 20 oben links und unten
Helmut Poeschel, Stuttgart: Seite 3, 4

Rezeptverzeichnis

Sternchen * verweisen auf Abbildungen

Rezeptverzeichnis

Sachregister

Sternchen * verweisen auf Abbildungen

Die Deutsche Bibliothek – CIP- Einheitsaufnahme

Samwald, Achim:
Dörren : Früchte, Gemüse, Kräuter / Achim Samwald.
– 3. neugestaltete Aufl. – Stuttgart : Ulmer, 1997
(Ulmer-Taschenbuch ; 22)
ISBN 3-8001-6868-5

Wollgrasweg 41, 70599 Stuttgart (Hohenheim)
Printed in Germany
Lektorat: Ingeborg Ulmer
Herstellung: Thomas Eisele
Satz: Typomedia GmbH, Ostfildern
Druck und Bindung: Georg Appl, Wemding

Wenn Ihnen der Sinn nach mehr steht

Wie verwertet man die unterschiedlichsten exotischen Früchte? Ißt man sie roh oder gegart? Muß man sie schälen? Sind die Kerne genießbar? Worauf ist beim Kauf zu achten? Gibt es ein passendes Rezept ? Dieses Buch gibt Auskunft zu allen Fragen. Es bietet einen Überblick über die bei uns erhältlichen Früchte und Gemüse und liefert ausführliche Informationen über die einzelnen Arten. Neben dieser Warenkunde findet man raffinierte Rezepte, die dazu anregen sollen, den Speiseplan mit exotischem Obst und Gemüse zu bereichern.

Aus dem Inhalt: Über 50 Obst- und Gemüsearten. Von Artischocke bis Zuckerrohr. Warenkunde und Rezepte. Volksglauben.

Exotisches Obst und Gemüse für die Küche

G. Colditz. 128 Seiten, 81 Farbfotos. ISBN 3-8001-6838-3

Obst ist eine beliebte und wertvolle Vitamin- und Nährstoffquelle. Jedoch beschränkt sich das Angebot frischer Früchte nur auf einen relativ kurzen Zeitraum im Jahr. Die einzige Möglichkeit, das ganze Jahr über Obst genießen zu können, ist die entsprechende Verarbeitung und Konservierung der frischen Früchte. Einkochen macht Spaß und ist ganz einfach. Mit den Grundrezepten kommen auch Unerfahrene bestens zurecht. Das Buch enthält das nötige Wissen und viele Anregungen.

Aus dem Inhalt: Natürliche Konservierung von Früchten. Marmelade, Konfitüre, Gelee. Kompott. Kandiertes und Glasiertes. Früchte in Alkohol. Süßsauer Eingelegtes. Chutneys.

Früchte einkochen, kandieren und einlegen.

G. Colditz. 128 Seiten., 71 Farbfotos, 8 Zeichn. ISBN 3-8001-6246-6

Wenn Ihnen der Sinn nach mehr steht...

Wenn Sie reichlich Obst aus dem Garten oder vom Markt haben, dann können Sie Saft, Wein oder Likör selbst zubereiten. Der Autor zeigt erprobte, leicht anwendbare und zuverlässige Methoden, um Anfänger vor möglichen Fehlern zu bewahren und beschreibt ausführlich die verwendbaren Geräte.
Aus dem Inhalt: Saftgewinnung: Kalt-, Frost- und Heißentsaften.
Haltbarmachen der Säfte: Flaschen und Verschlüsse, Heißabfüllen, Tiefgefrieren. Klären, Mischen, Trinkfertigmachen: Zucker- und Wasserzusatz, Fruchtsirup, Mischfruchtsäfte, Obst- und Fruchtweine: Mostgewinnung, Gärführung und Gärverlauf, Abstich und Ausbau, Lagerung und Reifung. Fruchtliköre: Die Zutaten, Fruchtsaftlund, Fruchtweinliköre.
Fruchtsäfte, Weine, Liköre.
Heinrich Thönges. 127 Seiten, 49 Farbf. 27 Zeichn. Kt. ISBN 3-8001-6834-0

Das Buch gibt Anregungen für die private Vorratshaltung. Denn wer mit viel Liebe und Mühe einen Garten pflegt, der möchte seinen Ertrag auch das ganze Jahr über auf den Tisch bringen können. Diesem Ziel dienen, neben den Rezepten, alle Bemühungen um eine möglichst verlustarme Aufbewahrung von Obst, Beeren, Gemüse und Kartoffeln.
Aus dem Inhalt: Inhaltsstoffe von Früchten und Gemüsen – ihre Bedeutung für die menschliche Ernährung. Frischlagerung von Obst und Gemüse. Saftbereitung aus Obst, Beeren und Gemüse. Sterilisieren von Gemüse und Früchten. Heißeinfüllen von Früchten. Einfrieren. Konfitüre, Marmelade, Gelee. Dörren. Spezialitäten. Vorratswirtschaft.
Vorratshaltung von Obst und Gemüse.
A. Studer, H.-U. Daepp, E. Suter. 164 S., 16 Farbtafeln 36 Zeichnungen. ISBN 3-8001-6375-6